研学旅行工作导案

彭其斌 编著

山东教育出版社

图书在版编目（CIP）数据

研学旅行工作导案 / 彭其斌编著． – 济南：山东教育出版
社，2019.2（2020.2重印）
ISBN 978-7-5701-0579-3

Ⅰ．①研… Ⅱ．①彭… Ⅲ．①文化－旅游业发展－
研究－中国 Ⅳ．①F592.3

中国版本图书馆CIP数据核字（2019）第012146号

YANXUE LÜXING GONGZUO DAOAN
研学旅行工作导案　　　　　　　　　　　彭其斌　编著

主管单位：山东出版传媒股份有限公司
出版发行：山东教育出版社
　　　　　地址：济南市纬一路321号　邮编：250001
　　　　　电话：（0531）82092660　网址：www.sjs.com.cn
印　　刷：山东新华印务有限责任公司
版　　次：2019年2月第1版
印　　次：2020年2月第2次印刷
开　　本：710毫米×1000毫米　1/16
印　　张：11
字　　数：220千
定　　价：25.00元

（如印装质量有问题，请与印刷厂联系调换）印厂电话：0531-82079130

序

　　不论从东汉郑玄《诫子书》"游学周秦之都"，"处逸大儒"，还是《北史·樊深传》"游学于汾晋间，习天文及算历之术"；不论从亚里士多德年少外出求学，卢梭走遍多地结识狄德罗、伏尔泰，还是英孚教育创始人伯提·霍特（Bertil Hult）于1965年提出以练习语言、感受文化为主题的现代式游学；不论从马克思、恩格斯《神圣家族》"使每个人都有必要的社会活动场所来显露他的重要的生命力"，还是毛泽东《讲堂录》"欲从天下万事万物而学之，则汗漫九垓，遍游四宇尚已"，都在证实着人与社会、个体内心与外在世界、教育与文化、教育与劳动、社会教育与学校教育不可分离。而此切入点应以研学为开源。

　　正因此，2013年国务院发布《国民休闲旅游纲要（2013—2020年）》，提出要在中小学逐步推行研学旅行，2016年教育部等11部门联合发布《关于推进中小学生研学旅行的意见》，将研学旅行纳入课程规范。研学需求日益丰富，研学供给正启航帆。

　　研学也就是探究式学习（Hands-on Inquiry Based Learning）之形式。研学旅行是研究性学习和旅行体验相结合的校外教育活动，需要多学科融合开发。但是我们在实践中也切实感受到，正如本书所指出的，当前研学旅行还存在不少问题：研学旅行浮于表面，内涵不足，研学旅行课程设计缺乏专业性，课程实施不够规范，课程评价不够科学。但同时，又不得不回思教育系统不少行为，本应以外在大系统透视内部分系统以调整运转偏离，却往往以内部分系统视野分割外在环境提供的必要前提。研学旅行是走出教育系统迈入更宽广社会大系统之良机，是实现社会、家庭、学校融合教育之引线，是人成长回归自然、回归社会、回归劳动、回归文化、回归人类历史之正道。新时代，每一个中国人，每一位"祖国未来"都更需要以成长去感受伟大时代、伟大祖国、伟大人民、伟大实践，都需要用生命去融合于道德养成、社会责任、文化传承、知识传授。如果还仅仅以教育系统之因素囿于课程之设计、内容之填充、形式之构建、教学之评价，显然无法冲出围栏之拘禁，陷入僵化之一隅。新的研究一定是曙光崭露时陪衬着乌云，但乌云不是否认阳光存在的遮挡。切忌把研学旅行仅仅缩在一门课程视野之内，是必要善意的提醒。

本书作者彭其斌老师是山东省教育科学研究院的兼职研究员和访问学者，其扎实的教育科研理论功底和虚心好学的态度是学术活动之必需。研学旅行是社会性、历史性实践，其系统研究、运行探索绝不是某个学者所能为。但本书以课程研究为视角以期望推动学术发展之热情仍应赞赏，其尽力而为之研究仍能对不同学者有所启发。

山东省教育科学研究院院长　申培轩
2018年10月

目录

一、研学旅行概念的界定

1. 研学旅行

（1）教育部《关于推进中小学生研学旅行的意见》中的定义：

研学旅行是由教育部门和学校有计划地组织安排，通过集体旅行、集中食宿方式开展的研究性学习和旅行体验相结合的校外教育活动，是学校教育和校外教育衔接的创新形式，是教育教学的重要内容，是综合实践育人的有效途径。

（2）国家旅游局《研学旅行服务规范》中的定义：

研学旅行是以中小学生为主体对象，以集体旅行生活为载体，以提升学生素质为教学目的，依托旅游吸引物等社会资源，进行体验式教育和研究性学习的一种教育旅游活动。

两个定义分别从各自的领域强调了研学旅行的教育本质和旅游特征。二者结合起来，就是研学旅行的概念内涵：研学旅行是校外综合实践教育，也是一种教育旅游活动。作为校外综合实践教育的研学旅行是一门课程，应该符合综合实践教育的课程规范；作为教育旅游活动的研学旅行是一种旅游产业，应该符合旅游产业的运营服务规范。

2.研究性学习

研究性学习是学生在教师指导下，从自然、社会和生活中选择和确定专题进行研究，并在研究过程中主动地获取知识、应用知识、解决问题的学习活动。依据研究内容的不同，研究性学习可以分为两大类：课题研究类和项目（活动）设计类。课题研究类以认识和解决某一问题为主要目的，具体包括调查研究、实验研究、文献研究等类型。项目（活动）设计类以解决一个比较复杂的操作问题为主要目的，一般包括社会性活动的设计和科技类项目的设计两种类型。前者如一次环境保护活动的策划，后者如某一设备或设施的制作、建设或改造的设计等。研究性学习的组织形式主要有三种类型：小组合作研究、个人独立研究、个人研究与全班集体讨论相结合。

3.综合实践活动

综合实践活动是从学生的真实生活和发展需要出发，从生活情境中发现问题，转化为活动主题，通过探究、服务、制作、体验等方式，培养学生综合素质的跨学科实践性课程。综合实践活动是国家义务教育和普通高中课程方案规定的必修课程，与学科课程并列设置，是基础教育课程体系的重要组成部分。该课程由地方统筹管理和指导，具体内容以学校开发为主，自小学一年级至高中三年级全面实施。

4.概念辨析

教育部2017年发布的《中小学综合实践活动课程指导纲要》明确说明综合实践活动的主要方式包括考察探究、社会服务、设计制作和职业体验。其中，考察探究是"学生基于自身兴趣，在教师的指导下，从自然、社会和学生自身生活中选择和确定研究主题，开展研究性学习，在观察、记录和思考中，主动获取知识，分析并解决问题的过程，如野外考察、社会调查、研学旅行等"。

由文件表述可知，研究性学习既是考察探究活动的重要组成部分，也是考察探究活动的一种活动方式；而研学旅行既是综合实践活动课程的重要内容，也是一种以旅行为载体的特殊的研究性学习活动。因此这三个概念之间存在包含关系或者上下位关系，即：

综合实践活动>研究性学习>研学旅行

而另一方面，由于研学旅行课程载体的特殊性，其显然与传统意义上的研究性学习在教学内容和教学方式上又存在显著的差异。

研究性学习活动实施过程一般在学校正常的教学过程中完成，学生的课题或项目的研究过程主要是在课外自主进行，教师的指导行为通常也是在课外时间进行，课题或项目研究所需要的基本知识和研究方法，可以通过集中授课的方式进行。

研学旅行课程则是以旅行为载体，依托旅游吸引物等社会资源，在校外通过集体生活、集体旅行活动进行的学习行为。学生在研学旅行期间必须暂时中断学校内日常的学习生活，其学习内容也比研究性学习活动要丰富和广泛得多。

鉴于研究性学习和研学旅行的显著区别，也可以将研究性学习和研学旅行作为综合实践活动课程的两个分立的课程组成部分。比如《山东省普通高中2017级学生课程安排指导表》中关于综合实践活动课程的规定：

综合实践活动	考察探究活动	包含研究性学习、研学旅行、野外考察等，至少完成2个课题（或项目）
	社会服务活动	以公益活动、志愿服务为主，3年不少于25个工作日
	职业体验活动	其中，军训1学分，职业行业体验3学分，合并到学生发展指导课程中一并实施
	党团教育活动	1学分

在这里就是把研究性学习和研学旅行作为考察探究活动的两个并列组成部分的。

二、课程要素概念

泰勒在《课程与教学的基本原理》一书中提出了课程与教学的基本原理，这一原理包括四个基本问题：

（1）学校应力求达到何种教育目标。

（2）要为学生提供怎样的教育经验才能达到这些教育目标。

（3）如何有效地组织这些教育经验。

（4）我们如何才能确定这些教育目标正在得以实现。

这四个问题，其实就是课程的四个要素，即课程目标、课程内容、课程实施和课程评价。

1.课程目标

课程目标是指课程本身要实现的具体目标和意图。它规定了某一教育阶段的学生通过课程学习以后，在发展品德、智力、体质等方面期望实现的程度，它是确定课程内容、教学目标和教学方法的基础。课程目标是指导整个课程编制过程最为关键的要素。

2.课程内容

课程内容是指各门学科中特定的事实、观点、原理和问题及其处理方式，它是学习的对象，它源于社会文化，并随着社会文化的发展而不断发展变化。

研学旅行的课程内容是学生旅行参观，考察和体验景点、场馆和营地的资源，及其承载的文化、技术、原理、方法和传递的思想与价值观。

3.课程实施

课程实施是将编制好的课程计划付诸实践的过程，是实现和达成预期课程目的、实现预期教育结果的手段。

研学旅行课程实施是学生集体按照预定的规划行程，通过旅行过程中对各种资源的参观、考察、体验，落实课程目标，完成学习任务，实现预期学习结果的过程和手段。

4.课程评价

课程评价是指检查课程的目标、编订和实施是否实现了教育目的，实现的程度如何，以判定课程设计的效果，并据此作出改进课程的决策。

（1）研学旅行课程评价从评价要素而言应该涵盖课程设计的全部要素，即课程目标的制定、课程内容的组织、课程实施的过程和课程评价的体系。从课程评价的对象而言，应该包括对学生的评价、对课程的评价、对各责任方（包括主办方、承办方、供应方、保障方等）的评价以及对研学导师的评价。其中各责任方的评价一般为直接签订合作协议建立合作关系的双方的相互评价，但以甲方对乙方的评价为主，一般来说甲方为评价方，乙方为被评价方。

（2）课程评价的方式是多样的，它既可以是量化评价也可以是质性评价[①]。

三、研学旅行课程实施概念

1.研学旅行课程实施的角色概念

（1）主办方

研学旅行活动主办方是指有明确研学旅行主题和教育目的的研学旅行活动组织方。

作为一种教育旅游活动，主办方可以是具有相关资质的各类机构，如旅行社、研学服务公司、各类研学实践教育基地等。但是作为中小学学习课程的研学旅行活动，主办方只能是学校。只有学校才具有将研学旅行纳入学校课程体系的职能。

---

① 质性评价：以评价对象的价值或特点作出判断的评价方式。是以人文主义为认识论基础，通过文字、图片等描述性手段，对评价对象的各种特质进行全面充分的揭示，以彰显其中的意义，促进理解的教育评价活动。

（2）承办方

与研学旅行活动主办方签订合同，提供教育旅游服务的旅行社或研学旅行专业机构。

（3）供应方

与研学旅行活动承办方签订合同，提供旅游地接、交通、住宿、餐饮等服务的机构。

（4）保障方

与研学旅行活动承办方签订合同或按照法定义务，提供风险保障的机构。如保险公司，活动所在地的医院、派出所、交警等。

2. 研学旅行课程实施的几个阶段

（1）行前课程

广义的研学旅行行前课程是指为保障课程的顺利实施，各方在研学旅行启程之前所做的一切准备工作。狭义的研学旅行行前课程指主办方或承办方向学生开设的，为研学旅行的实施做知识准备、组织准备、心理准备和物质准备的课程；面向研学导师开设的研学旅行课程与教学的基本原理及基本规范的培训课程；面向学生家长开设的关于研学旅行的国家教育政策和学校研学旅行课程实施方案与课程计划的解读课程。

（2）行中课程

行中课程是课程体系的主体部分，是全部课程目标得以实现的载体和过程。行中课程的实施效果，决定了课程实施的最终成效。

（3）行后课程

行后课程是基于行中课程所取得的成果而延伸的课程，是对行中课程的学习成果进行评价、展示、提升的课程。行后课程主要包括成果加工、成果汇报、成果展示和成果评价与认定。

四、招投标概念

1. 招标

招标是指招标人发出招标公告或投标邀请书，说明招标的工程、货物、服务的范围、标段（标包）划分、数量、投标人的资格要求等，邀请特定或不特定的投标人在规定的时间、地点按照一定的程序进行投标的行为。

研学旅行招标是指学校作为招标方，通过发布招标公告或者向一定数量的特定旅行社或研学旅行专业机构发出招标邀请等方式发出招标采购的信息，由各有意提供课程服务的研学旅行承办方参加投标竞争。经招标方对各投标者的报价及其他条件进行审查比较后，从中择优选定中标者，并与其签订研学旅行课程采购合同。

2. 投标

投标是指投标人（卖方）应招标人的邀请，根据招标通告或招标单所规定的条件，在规定的期限内向招标人递盘的行为。

研学旅行投标是指研学旅行的承办方应主办方的邀请，或根据主办方发布的招标公告，在规定时间内依据主办方提出的标准和要求，制订研学旅行课程设计与实施方案，向主办方提交标书，参与竞标的行为。

3. 开标

开标是指在投标人提交投标文件后，招标人依据招标文件规定的时间和地点，开启投标人提交的投标文件，公开宣布投标人的名称、投标价格及其他主要内容的行为。

4. 评标

评标是指评标委员会和招标人依据招标文件规定的评标标准和方法对投标文件进行审查、评审和比较的行为。评标是否真正做到公开、公平、公正，决定着整个招标投标活动是否公平和公正；评标的质量决定着能否从众多投标竞争者中选出最能满足招标项目各项要求的中标者。

五、安全保障概念

1. 安全注意事项

安全注意事项是指针对可能发生的意外事故或事件制定的，提醒行为人特别注意，在活动过程中行为人必须遵守的预防性或禁止性事项。

2. 安全预防措施

安全预防措施是指为防范安全事故的发生，针对可能发生事故的环境和条件，承办方或组织者应该提前采取的预防性措施。

3. 应急预案

（1）《生产经营单位生产安全事故应急预案编制导则》（GB/T29639-2013）中应急预案的定义：

为有效预防和控制可能发生的事故，最大程度减少事故及其造成损害而预先制定的工作方案。

（2）《突发事件应急预案管理办法》中应急预案的定义：

应急预案是指各级人民政府及其部门、基层组织、企事业单位、社会团体等为依法、迅速、科学、有序应对突发事件，最大程度减少突发事件及其造成的损害而预先制定的工作方案。

4. 概念辨析

安全注意事项是提供给学生的，行为的主体是学生，是在课程实施中学生自己应承担的安全责任。但承办方必须将注意事项告知学生，并及时对学生进行提醒和提示。

安全防范措施是活动承办方应该采取的措施，制定和采取措施的行为主体是承办方。这些措施必须能够起到规避和防范事故发生的作用。

安全注意事项和安全防范措施是以预防事故的发生为目的，而应急预案是出现安全事故或紧急情况下，为将损失降低到最小而采取的必要措施。

思考题

1. 什么是研学旅行？研学旅行、研究性学习和综合实践活动课程有什么区别？三者之间是什么关系？

2. 研学旅行课程有哪几个基本要素？请简要阐述各个要素的概念内涵。

3. 研学旅行课程实施过程中，根据合作关系一般包括哪几个方面的角色？各方的概念是如何界定的？

4. 研学旅行课程可以分为哪几个阶段的课程？每个阶段课程的主要内容是什么？

5. 研学旅行招投标工作有哪些主要环节？各个环节的工作内容和工作标准是什么？

6. 什么是安全注意事项？什么是安全预防措施？什么是安全应急预案？三者之间有什么区别？

第二章 研学旅行的各方 角色及职责定位

第一节　研学旅行的机构职责

一、主办方

研学旅行活动主办方是指有明确研学旅行主题和教育目的的研学旅行活动组织方。

根据《关于推进中小学生研学旅行的意见》（以下简称《意见》），按照规定定期组织研学旅行活动是学校应当履行的教学责任。

根据《意见》要求和研学旅行工作实际，学校作为研学旅行主办方，应履行以下职责：

1. 中小学要制定中小学生研学旅行工作规程，规范研学旅行的组织与管理工作。

2. 学校要负责制订研学旅行活动工作方案，明确工作计划，制订招标方案，对课程实施进行公开招标。

3. 学校应对中标的承办方提供的研学手册提出课程修订意见，并对修订情况进行审核。

4. 学校应对承办方与供应方和保障方的相关协议中关于服务标准的内容予以审核备案，确保供应方提供的服务满足学校的相关要求。

5. 学校应对研学旅行带队教师进行研学旅行课程及相关管理知识的培训，确保学校带队教师具有研学旅行课程实施的专业能力以及代表学校监督承办方实施课程和旅行协议的能力。

6. 学校要通过家长委员会，以致家长的一封信或召开家长会等形式告知家长研学旅行的政策背景、活动意义、时间安排、出行线路、收费情况、注意事项等信息，对家长做充分的动员和培训。

7. 学校要对学生进行充分的动员，开设研学旅行课程专题讲座，使学生做好充分的思想准备和知识与能力准备。

8. 学校要做好行前安全教育工作，负责确认承办方为出行师生购买意外险，必须投保校方责任险，与家长签订安全责任书，与委托开展研学旅行的承办方签订安全责任书，明确各方安全责任。

9. 学校要有效实施行后课程，对研学旅行课程、学生的学习成果、研学旅行承办方的工作和学校带队教师的工作作出评价和认定。

10. 学校应维护学生和学校教师的权益，如在研学旅行过程中有损害师生合法权益的行为发生，学校应为师生维护和主张权益提供帮助。

11. 学校应负责将研学旅行活动方案按照相关要求报上级主管部门审核或备案。

12. 学校要监督承办方全面履行合作协议，对承办方在工作中的合理要求提供协助，对承办方与学生和学生家长进行沟通提供帮助。

二、承办方

研学旅行活动承办方是指与研学旅行活动主办方签订合同，提供教育旅游服务的旅行社或研学旅行专业机构。

根据《意见》和《研学旅行服务规范》（以下简称《规范》），承办方应履行以下职责：

1. 承办方应根据主办方的招标要求参与公开竞标。竞标时应如实提供单位相关资质证明、研学旅行课程设计方案或研学手册、安全责任承诺书以及从业业绩证明。

2. 选择确定合格的供应方，并签署相关合作协议，对供应方的资格审核承担全部法律责任。

3. 负责选择安排符合与供应方协议要求的、安全合格的交通工具，并按照规定配备合格的司机。

4. 要对课程线路进行实地勘察，根据线路勘查情况设计或修订课程方案或研学旅行手册。

5. 按照课程设计方案和《意见》与《规范》的相关要求制订安全防范措施和安全应急预案。

6. 组建课程实施导师团队，对团队成员进行课程培训和安全责任培训。

7. 为主办方提供必要的行前课程或课程资源。

8. 在课程实施过程中全面负责学生的管理工作。

9. 按照与主办方的协议及课程规划实施课程，接受主办方带队教师对课程实施工作的监督。

10. 为学生和学校带队教师提供票务服务。

11. 课程实施期间负责收集和制作研学旅行活动过程的影像资料，用于活动总结和推介宣传，并将相关影像资料提供给主办方。

12. 根据应急预案有效处置突发事件，有效降低事故损失，确保师生合法权益。

三、供应方

研学旅行活动供应方是指与研学旅行活动承办方签订合同，提供旅游地接、交通、住宿、餐饮等服务的机构。

根据《规范》和《意见》要求，结合行业工作标准，供应方应履行以下职责：

1. 向承办方提供承接研学旅行供应服务的相关资质证明。

2. 与承办方签署研学旅行服务合同，按照合同约定履行义务。

3. 根据合同规定接受承办方的调度、检查和监督。

四、保障方

保障方是指与研学旅行活动承办方签订合同，或按照法定义务提供风险保障的机构。如保险公司，活动所在地的医院、派出所、交警等。

保险公司按照保险合同规定履行风险保障责任。研学旅行活动所在地的医院、派出所、交警根据法定义务履行相关职责。

第二节　研学旅行的人员职责

一、组织领导者

1. 学校主管领导

全面负责学校研学旅行课程的组织和管理工作，主要承担以下职责：

（1）负责组织制定学校研学旅行工作规程，制订研学旅行教学计划。

（2）制订研学旅行课程招标方案并组织实施招标工作。

（3）指导学校责任部门组建学校研学教师团队并实施相关培训。

（4）课程实施过程中密切联系各线路带队教师，跟进指导与调度，随时处理各种问题，负责突发事件相关应急预案的启动与处置指挥。

2. 承办方主管领导

全面负责承办线路课程的管理工作，主要承担以下职责：

（1）负责组织制定承办方研学旅行工作规程。

（2）组织参加学校研学旅行课程投标工作。

（3）制订研学旅行课程方案和组织研制研学旅行手册。

（4）组建中标线路课程研学导师团队并实施相关培训。

（5）组织实施研学旅行线路勘察。

（6）课程实施过程中密切联系各线路研学导师，跟进指导与调度，随时处理各种问题，负责突发事件相关应急预案的启动与处置指挥。

二、研学导师

在研学旅行过程中，具体制订或实施研学旅行教育方案、指导学生开展各类体验活动的专业人员。包括学校研学导师和承办方研学导师以及供应方的地接导游或讲解员、教练员。

1. 学校研学导师团队

学校研学导师团队由领队和带队教师组成。

学校领队负责督导研学旅行活动按计划开展，主要职责如下：

（1）指导带队教师履行职责，协助带队教师处理学生管理和教学事务。

（2）与承办方的项目组长一起召开研学导师每日例会，调度安排教学事务，处理偶发事件。

（3）与学校领导保持联系，汇报每日工作。

（4）对突发性事件采取措施，适时启动应急预案。

（5）监督承办方的课程实施，保障学生和教师的合法权益和合同权益。

学校研学导师即学校带队教师，有如下职责：

（1）全程带领学生参与研学旅行各项活动，配合承办方的研学导师开展课程实施工作。

（2）协助承办方研学导师对学生进行日常管理。

（3）负责指导学生完成课后作业，并进行批改。

（4）协助承办方研学导师做好相关服务工作，及时处理偶发事件。

（5）监督承办方履行合同义务，特别是监督各项保障工作的落实。

（6）评估承办方的课程实施能力，为课程评价提供依据。

2. 承办方研学导师团队

承办方研学导师团队由项目组长和研学导师组成。

项目组长全程随团活动，全面负责本线路课程的组织实施，负责统筹协调研学旅行各项工作，具体职责如下：

（1）对供应方的工作进行调度，确保各项保障工作的有序落实。

（2）与承办方分管领导保持密切联系，及时汇报工作情况。

（3）召开每日例会，总结、调度每日工作。

（4）指导研学导师实施课程，保证研学旅行的秩序和安全，确保课程实施效果。

（5）保持与主办方研学管理团队的有效沟通，做好各项服务工作。

（6）对突发性事件及时处理，适时启动应急预案。

承办方研学导师负责落实研学旅行教学计划，在主办方带队老师、地接导游员等工作人员的配合下提供研学旅行教育服务。具体职责如下：

（1）全程带领学生参与研学旅行各项活动，具体负责课程实施工作，落实每日教学计划。

（2）全面负责对学生进行日常管理。

（3）与供应方工作人员一起做好各项保障工作，对供应方的工作进行监督和评估。

（4）做好对主办方带队教师和学生的相关服务工作，及时处理偶发事件。

（5）熟悉线路课程，对地接导游和讲解员的课程讲解进行适当补充，确保课程内容的落实。

（6）熟悉应急预案，如遇突发性事件，及时采取应对措施并向项目组长汇报。启动应急预案时，严格按照工作流程履行职责。

3.供应方的研学导师

供应方的研学导师包括供应方的地接导游、各场馆和景点的讲解员以及营地的教练员等。

（1）供应方的地接导游

在实施跨省研学旅行课程时需要有地接导游具体负责课程实施。地接导游负责提供导游服务，并配合相关工作人员提供研学旅行教育服务和生活保障服务。此时地接导游应当承担承办方研学导师与教学活动有关的相关职责，同时，还需要做好与当地相关部门和供应单位的协调工作。

（2）场馆和景点讲解员

按照场馆和景点规定的工作职责履行讲解义务，并根据研学旅行手册中的课程要求，在讲解过程中对教学内容予以落实。

（3）营地教练员

在各类户外教育营地进行拓展训练、团队活动，以及各类户外教育运动项目的训练、体验与学习时，营地教练员承担课程教学工作。营地教练员要根据承办方委托的课程项目实施课程。在课程实施过程中负责对安全标准和技术标准的落实与把关，确保在落实教学任务的同时保证师生安全。

三、安全员和随团医生

根据《规范》要求，研学旅行应配备安全员。安全员在研学旅行过程中随团开展安全教育和防控工作，在发生突发事件时确保师生人身和财产安全。

如合同要求配备随团医生，则医生要负责旅行团队成员常见疾病的预防及治疗，对突发疾病、意外伤害进行紧急处理，对需要启动应急预案的情况为项目组长提供专业建议，并采取应急性救助措施。在课程实施过程中随团医生要对学生进行生命健康教育。

思考题

1. 研学旅行课程的主办方有哪些工作职责？

2. 研学旅行课程的承办方有哪些工作职责？

3. 研学旅行课程的供应方和保障方有哪些工作职责？

4. 在研学旅行工作中主办方和承办方的领导具有什么职责？

5. 学校研学导师团队由哪些人员组成？分别承担什么职责？

6. 承办方研学导师团队由哪些人员组成？分别承担什么职责？

7. 供应方研学导师有哪几种类型？分别承担什么职责？

8. 安全员和随队医生在研学旅行工作中各承担什么职责？

第三章

研学旅行的

招投标

第一节　研学旅行招投标概念与规范

一、研学旅行招投标的相关概念

1. 研学旅行招标投标

研学旅行招标投标也简称为招投标，是指依据市场交易原则，学校对研学旅行的课程设计与课程实施委托专业机构开展时所采用的一种交易方式。学校作为招标方，通过发布招标公告或者向一定数量的特定旅行社或研学旅行专业机构发出招标邀请等方式发出招标采购的信息，由有意提供课程服务的旅行社或研学旅行专业机构参加投标竞争。经招标方对各投标者的课程设计、报价及其他条件进行审查比较后，从中择优选定中标者作为课程承办方，并与其签订研学旅行课程采购合同。

2. 招标信息

招标信息是招标公告、招标预告、中标公示、招标变更等公开招投标行为的总称。研学旅行招标信息主要包括：

（1）招标人或招标代理机构发布在各类媒体上的项目公开招投标信息，主要是为了说明研学旅行招标的服务内容和标准要求、标段（旅行线路）设置、课程数量、投标人的资格要求以及相关时间节点信息等招标公告信息。

（2）关于评标时间及工作流程、工作要求等信息的预告信息。

（3）评标结果与中标单位公告与公示信息。

（4）招标期间因特殊原因发生招标变更的信息。

（5）招标结果公示期间发现严重违反相关规定的线索时必须对招标结果予以变更的信息。

3. 招标公告

研学旅行招标公告是指招标人在进行研学旅行课程招标时，公布课程设计标准和条件，提出价格和要求等项目内容，邀请旅行社或研学旅行专业机构参加投标，以期从中选择研学旅行承办方的一种文书。

招标公告内容包括招标人、项目名称、招标时间、报名时间和开标时间以及招标人或招标代理机构联系方式等内容，其通常由标题、标号、正文和联系方式四部分组成。

二、研学旅行招标方式

1. 研学旅行招标方式的类型

《中华人民共和国招标投标法》规定，招标方式分为公开招标和邀请招标；在招标领域还有一种补充方式，即议标。

（1）公开招标

研学旅行公开招标也叫竞争性招标，是由招标人在相关媒体上刊登招标公告，吸引众多非特定的旅行社或研学旅行专业机构参加投标竞争，招标人从中择优选择中标单位的招标方式。

（2）邀请招标

研学旅行邀请招标也称为有限竞争招标，是一种由招标人选择若干旅行社或研学旅行专业机构，向其发出投标邀请，由被邀请的单位投标竞争，从中选定中标者的招标方式。

邀请招标的特点是：

第一，邀请投标不使用公开的公告形式。

第二，接受邀请的单位才是合格投标人。

第三，投标人的数量有限。

邀请投标的法律要素是：招标人是以投标邀请书的方式邀请投标；邀请投标对象是特定的法人和其他组织。

（3）议标

研学旅行议标亦称为非竞争性招标或指定性招标。这种方式是招标方邀请一家，最多不超过两家旅行社或研学旅行专业机构来直接协商谈判，实际上是一种合同谈判的形式。

2. 研学旅行不同招标方式的适用情况

对于首次开展研学旅行课程的学校，在开展后的几年内，应该采用公开招标的方式。因为此期间学校对研学旅行从业机构不了解，没有甄别经验可以参考，采用公开招标的方式，可以保证公开、公正、公平，吸引大量专业机构参与竞标，从而确保选出课程实施能力强的承办方，保证研学旅行课程的实施效果。

开设研学旅行课程后，每次课程都要对承办方的课程设计和实施情况进行评价，对评价结果进行分类，建立黑名单制和白名单制。进入黑名单的承办方，在一定时间内取消其竞标资格，对进入白名单的承办方，在下一期竞标时给予优先权。在经过数期的课程实践后，可以对长期表现优秀的承办方采用邀请招标的方式竞标，这样可以节约招标成本，提高招标效率，且招标行为具有公信力。

通过长期开展研学旅行工作，在实践中对承办方进行深入考察的基础上，可以选择表现卓越的承办方机构，建立研学旅行课程战略合作关系，采用议标的方式，联合开发和实施研学旅行课程。采用议标的方式，承办方可以深度介入学校的课程建设，提升课程开发和实施水平，实现学校研学旅行工作的特色化发展。

三、研学旅行招标组织方式

研学旅行招标工作的组织方式通常有两种：一种是主办方自行组织，另一种是委托招标代理机构组织。学校具有编制招标文件和组织评标能力的，可以自行办理招标事宜。不具备这种能力的，可以委托招标代理机构办理招标事宜。招标代理机构是依法设立从事招标代理业务并提供服务的社会中介组织。

四、研学旅行招标程序

研学旅行招标程序一般为：

1. 学校制订招标工作方案，报上级主管部门批准或备案。

2. 自行或委托招标代理机构制订并发布招标公告，或发出招标邀请书。

3. 成立招投标评审委员会。

4. 对投标人资格预审，接受投标人标书。

5. 在招标公告或招标邀请书中规定的时间、地点公开开标评标。

6. 由招投标评审委员会对投标文件评标。

7. 依据评标原则及程序确定中标人。

8. 现场公布或向中标人发送中标通知书。

9. 对评标结果予以公示。

10. 公示期结束，如无异议则与中标人签订合同。

第二节　学校研学旅行课程的招标

一、招标方案制订的依据和原则

1.招标方案制订的依据

（1）政策依据。招标方案的制订首先要依据国家和省市有关的政策规定，比如国家教育部等11部门联合发布的《关于推进中小学生研学旅行的意见》和各省根据本意见制定的研学旅行工作实施意见。这些文件都对研学旅行的组织提出了指导性意见。在《关于推进中小学生研学旅行的意见》中就明确指出："学校委托开展研学旅行，要与有资质、信誉好的委托企业或机构签订协议书，明确委托企业或机构承担学生研学旅行安全责任。"

（2）标准依据。国家旅游局发布的《研学旅行服务规范》就研学旅行的服务标准，从承办资质到工作流程，从各方责任到交通食宿标准，都作出了明确规定。方案的制订应参考《规范》的相关标准。

（3）法律依据。《中华人民共和国招标投标法》是为了规范招标投标活动，保护国家利益、社会公共利益和招标投标活动当事人的合法权益，提高经济效益，保证项目质量而制定的法律。招标方案的制订不得违背相关的法律规定。

（4）学校的研学旅行工作规程。学校应制定体现学校教育理念、符合国家关于研学旅行课程相关要求的研学旅行工作规程。工作规程应该对研学旅行课程招标作出原则性规定，作为指导招标方案制订的依据。

2. 研学旅行课程招标方案制订的原则

（1）招标文件必须符合国家的合同法、招标投标法等有关法律。

（2）招标文件应准确、详细地反映学校对研学旅行课程的标准和要求，减少签约和履约过程中的争议。

（3）招标文件涉及招标者须知、合同条件、规范、课程标准等多项内容，力求统一和规范用语。

（4）坚持公正原则，对所有符合招标资质的投标单位应一视同仁，不可区别对待。

二、研学旅行招标公告的制订

研学旅行招标属于服务项目招标，研学旅行招标公告应符合一般服务项目招标公告的基本范式，但在招标内容上要结合研学旅行课程的性质和标准制定严谨、准确、简明的文件。

一般来说，研学旅行招标公告应包括以下内容：

1. 项目简介与投标邀请

公告应首先对学校基本情况和研学旅行课程的基本信息、招标背景作出介绍，对符合招标资格要求的旅行社或研学旅行专业机构发出招标邀请。

2. 课程方案要求

（1）课程线路清单及线路核心景点指定信息。

（2）课程设计与实施的规范性要求。

（3）课程设计与实施的特色性要求。

（4）研学旅行课程教学团队组成要求：包括对承办方研学导师及其他成员的资格的要求，承办方应该承担的学校带队教师的费用。

（5）特别约定：关于研学旅行课程方案（研学旅行手册）的知识产权归属的约定。

3.课程实施的保障与服务标准

一般应包括交通、住宿、用餐、导游、保险等保障与服务项目的具体标准和要求。通常还要作出全程不额外安排任何购物活动及自费项目的特别约定。

4.课程实施的时间安排

5.投标单位的资质和条件要求

对于投标单位资质的要求要注意区别两类单位的具体情况。国家标准委2015年发布了《旅行社等级划分与评定》，旅行社具有了等级划分标准。招标公告可以对旅行社提出明确的等级要求，同时对旅行社的业绩和信用记录作出条件设置。但是研学旅行服务公司、研学实践教育基地、教育公司等研学旅行专业机构尚没有相关的分级标准，所以对这类机构应侧重于对公司业务水平、业务规模和以往业绩作出相关要求。

6.需要提交的资格预审资料目录、提交时间和预审结果公告时间及公示和查询办法

资格预审主要审查的项目包括：

（1）具有独立签订合同的权利。

（2）具有履行合同的能力，包括专业能力、资金状况、管理能力，以及经验、信誉和相应从业人员的结构。

（3）负面信息记录，包括没有处于被责令停业，投标资格被取消，财产被接管、冻结，公司破产等情况；在最近三年内没有出现骗取中标、严重违约及安全事故等不良记录。

（4）法律和行政法规规定的其他资格条件。如营业执照、法人代表证明或法人委托书、资质等级证书、安全生产许可证、体系认证书等。

7.通过资质预审的单位提交标书的截止时间、方式及文件封装要求

8.投标标书的内容清单

一般应包括以下项目：

（1）旅行社营业执照、经营许可证、旅行社责任险保单等材料复印件（所有复印件需加盖公章）。投标现场需出示证明材料原件以备核查。

（2）委托代理人授权书原件以及代理人身份证复印件。投标现场出示原件。

（3）一定时间内的研学旅行相关证明材料（开展学生研学旅行业绩证明材料）。

（4）研学手册样本。

（5）完备的学生研学安全预案。

9. 开标说明

包括开标的时间地点、投标人参加开标的代表人要求、投标人代表应现场提交的资料说明。

10. 评标时间和评标流程及纪律要求（可以另行发布）

11. 招标工作联系人及联系方式

12. 本招标方案的解释权声明

采用邀请招标方式应制作招标邀请书，其内容也应包括以上内容，只是资格预审环节可以省略，因为招标方一般应该比较了解投标单位信息与经营业绩。

三、招标公告或招标邀请书的发布

1. 招标公告的发布

采用公开招标的方式招标，应发布招标公告。招标公告的发布平台可以利用多种媒体。首先应在自己学校的网站上发布公告，并明确预审结果公告及其他随后公开发布的信息将以学校官网为唯一发布平台。其次，招标公告可以在上级教育主管部门网站、报纸电视、线上研学服务平台以及各类新媒体上发布。另外，如果采用委托招标的方式公开招标，则由委托代理机构根据需要选择合适的媒体平台发布招标公告。

2.招标邀请书的发布

采用邀请招标的方式进行招标时，招标邀请书直接投送给受邀单位，不公开发布。

3.招标公告或招标邀请书的发布时间

研学旅行的招标公告或招标邀请书通常应在课程实施两个月之前或在评标工作一个月之前发布。在设定的提交投标书时间之前，要给承办方留出足够的课程方案的研制时间；在招标结果公布后，研学旅行行程开始之前，要给承办方留出足够的时间与供应方进行协调，同时也给学校留出实施行前课程的时间，做好行前的各种准备工作。

第三节　承办方的投标

一、承办方获取研学旅行招标信息的渠道

1.各市（州、地区）区（县、市）教育局（教体局、教育委员会）网站的公告信息。学校的公开招标方案经上级教育主管部门批准或备案后，一般会在主管部门网站上发布招标公告。

2.学校官网发布的招标公告。

3.研学旅行招标委托代理机构发布的招标公告。

4.招标主办方投送的招标邀请书。

5.由研学旅行专业平台发布的招标信息。

6.通过关键词检索在搜索网站搜集到的招标信息。

7. 由其他渠道获得的研学旅行招标信息。

二、投标工作流程

1. 研究招标公告信息

重点是关于课程设计的招标要求、课程实施的保障与服务标准、标书内容清单等投标者须知。

2. 进行线路规划

对全部招标课程线路或选择意向课程线路进行线路规划。应根据招标文件要求和所提供线路核心景点的资源属性，结合空间和时间要求确定线路的课程主题，然后根据课程主题选择其他景点、营地或场馆作为研学旅行课程的单元教学资源。

3. 进行线路勘察与资料收集

通过线路勘察，完成对以下信息的确认与收集：

（1）景区或研学实践教育基地的资源属性。

（2）课程资源的安全性。在安全性勘察的基础上，制订有效的安全注意事项和安全防范措施。

（3）课程实施的时间长度。规划好各课程单元之间的时间分配，做好时间衔接设计。

（4）课程实施的物质条件。确定课程实施必备的物质条件，特别是必须携带的证件以及禁止携带或禁止使用的物品。

（5）各学习单元之间的交通保障。根据勘察信息，合理选择出行方式，确保交通安全高效。

（6）课程实施的最佳路线。对多种可能的线路进行实地勘测，分析比较，根据安全第一、效率第二、舒适第三的原则，规划出最适合的课程线路。

（7）课程实施的方式。了解课程资源的特点，确定最佳的课程实施组织方式。

（8）对拟入住酒店的考察。对酒店房间设施以及安全疏散设施进行细致考察，对酒店设施的安全性和舒适性进行全面了解。

（9）旅行饮食规划。对各课程资源所在地的饮食文化进行考察，对学生行程中的饮食做出科学合理的安排。既要保证饮食的安全性和营养搭配，也要尽可能让学生体验各地的特色美食，了解各地的饮食文化。

（10）地接导游与景点讲解员之间关于课程实施方面的交流。

（11）收集各种资源的图文信息，为课程设计和研学手册的制作准备材料。

若投标人因为招标之前来不及进行线路勘察，或出于成本考虑暂不进行线路勘察，则必须对线路课程资源的相关信息作详尽的搜集与研究，特别是与供应方的充分沟通必不可少。这既是为了编制尽可能规范的课程方案和研学旅行手册，也是为了防止在中标之后因无法履行承诺而造成违约。但在课程中标之后，必须进行线路勘察，并根据勘察情况对课程方案或研学旅行手册进行修订。

4.制订招标报价方案

根据线路规划和线路勘察信息以及招标公告，对课程实施的保障与服务标准的要求进行预算分析，制订招标报价方案。

5.编制研学手册

课程方案或研学手册可以由承办方自行编制，也可以委托专业机构或专业人士设计编制。所选择的专业机构应该拥有学科教学、课程理论、活动组织管理、旅游专业、安全管理、法律合同等方面的相关专业人员；所委托的专业人士应具有学科教学能力、课程理论知识、活动组织管理能力、旅游专业知识、安全管理知识、合同业务知识、文案编写能力。

6. 编制投标文件

（1）投标书的材料清单

投标书应包括资质证明文件、保险证明文件、安全责任承诺书、研学旅行手册、应急预案、从业业绩证明材料等。其中应急预案可以单独呈现，也可以在研学旅行手册的附件中呈现。

（2）根据招标公告的相关规定，准备评标陈述方案及其文案和展示课件。

7. 提交投标文件

（1）注意投标的截止日期，即提交标书的最后期限，超过日期视为无效投标。

（2）投标文件应当对招标公告提出的实质要求和条件作出响应，如课程实施的保障与服务标准等。

（3）投标文件应符合招标文件要求，材料完备。

三、投标标书的材料主件——研学旅行手册

研学旅行手册是投标书的材料主件，是投标书的核心文件。研学旅行手册的规范性、科学性，将在很大程度上决定投标的结果。

1. 研学旅行手册的研制方式

研学旅行手册可以由中标的承办方自行研制，也可以委托专业机构或专业人士进行研制。如果委托第三方研制研学旅行手册，承办方应为第三方专业机构或专业人士提供项目招标公告、线路规划方案、线路各课程资源的基本信息（包括文本信息和影像信息），对课程设计和手册制作提出符合招标公告标准的要求。如果条件允许，可以与受托方一起进行线路勘察，费用由承办方承担。

2. 研学旅行手册的研制流程

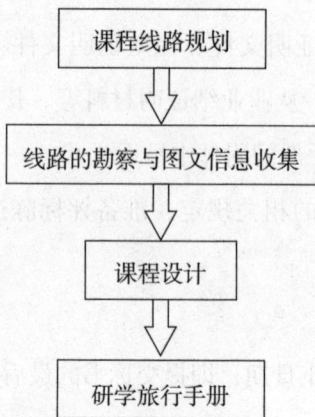

```
┌──────────────────┐
│   课程线路规划    │
└──────────────────┘
          ↓
┌──────────────────────┐
│ 线路的勘察与图文信息收集 │
└──────────────────────┘
          ↓
┌──────────────────┐
│     课程设计      │
└──────────────────┘
          ↓
┌──────────────────┐
│   研学旅行手册    │
└──────────────────┘
```

3. 研学旅行手册的规范性和科学性

（1）课程要素

研学旅行课程方案和研学旅行手册的规范性和科学性首先体现在二者必须完整体现和科学界定课程目标、课程内容、课程实施和课程评价四个课程要素。

（2）特殊要素

研学旅行课程方案和研学旅行手册的规范性和科学性还体现在二者必须呈现研学旅行课程的特殊要素，如安全应急预案、物品检查清单、研学导师及小组成员信息等。

研学旅行手册的课程要素和规范性要求可以参见本书作者的另一部研学旅行学术著作——《研学旅行课程概论》。

4. 研学旅行手册的内容结构

规范的研学旅行手册应该包括以下内容：

（1）课程简介

（2）课程总体目标

（3）课程规划

（4）行程规划

（5）课程实施

（6）课程评价

（7）学习成果

（8）附件

为研学旅行课程的顺利实施提供保障的内容，可以在附件中呈现。主要包括行前物品备忘检查表、安全知识及安全应急预案、重要通讯信息（通讯录、离课程实施地点最近的派出所和医院的相关信息）。

5.单元课程内容结构

课程实施部分是研学旅行手册的主要内容。课程实施分单元陈述，单元学习资源的课程实施过程通过单元课程呈现。每个单元的课程设计应包括：

（1）单元标题

（2）课程实施的具体时间、地点

（3）课程时长

（4）本单元课程内容的相关学科

（5）本单元课程的具体目标

（6）课程实施方式

（7）课程资源详述

（8）过程性课程任务

（9）课后作业

（10）文明行为的即时性指导与评价

（11）本单元学习游览时的注意事项

6.应急预案

应急预案是一旦出现安全事故或紧急情况，为将损失降低到最小而采取的必要措施。研学旅行应急预案一般应包括：

（1）地质与气象灾害应急预案

（2）交通事故应急预案

（3）食物中毒应急预案

（4）突发疾病应急预案

（5）意外伤害应急预案

（6）暴恐袭击应急预案

（7）机动车火灾应急预案

（8）财物失窃及证件丢失应急预案

应急预案的内容应包括：

（1）突发事件应急处理机制，包括应急处理领导小组和工作小组的人员构成及职责分工

（2）应急预案的响应启动条件

（3）应急处理的程序与步骤

（4）责任人员的操作流程

安全是开展研学旅行活动的前提，安全措施和应急预案是否科学、规范、细致、有效、可操作，是承办方能否中标的重要审核要件。

第四节　开标与评标

一、开标

1. 开标的概念

开标，是指在投标人提交投标文件后，招标人依据招标文件规定的时

间和地点，开启投标人提交的投标文件，公开宣布投标人的名称、投标价格及其他主要内容的行为。

2. 开标的时间、地点

（1）开标时间应当在招标公告或另行提供给每一个投标人的招标文件中事先确定，以使每一位投标人都能事先知道开标的准确时间，以便届时参加，确保开标过程的公开、透明。

（2）如果开标地点与接受投标文件的地点一致，则开标时间与提交投标文件的截止时间应一致，以防止招标人或者投标人利用提交投标文件的截止时间与开标时间之间的时间间隔进行舞弊。

（3）如果开标地点与提交投标文件的地点不一致，则开标时间与提交投标文件的截止时间应有一段合理的间隔。合理时间间隔可理解为把投标书运到开标地点所必需的时间。

3. 开标会工作流程

（1）投标文件签收。

开标当日在开标地点现场由招标人安排专人签收投标文件，并填写投标文件报送签收一览表。在招标公告规定的截标时间后递交的投标文件不得接收。在截标时间前递交投标文件的投标人少于三家的，招标无效，开标会即告结束，招标人应当依法重新组织招标。

（2）投标人代表签到。

投标人授权出席开标会的代表须本人填写开标会签到表，招标人安排专人负责核对签到人的身份证件，证件应与签到人的信息一致。

（3）主持人宣布开标会开始。

主持人宣布开标人、唱标人、记录人和监督人员名单，以及到会的招标人代表、招标代理机构代表、各投标人代表、公证机构公证人员。

主持人一般为招标人代表或招标代理机构的代表。开标人一般为招标人或招标代理机构的工作人员，唱标人可以是投标人的代表或者招标人或招标代理机构的工作人员，记录人由招标人指派，负责记录唱标内容，监督人员可以由现场抽取的投标人代表担任。记录人按开标会记录的要求开始记录。

（4）主持人或招标人主管人员宣布开标会程序。

（5）主持人或招标人主管人员宣布开标会纪律和当场废标的条件。

（6）投标人授权代表的信息确认。

核对投标人授权代表的身份证件、授权委托书，确认授权代表的有效性，并留存授权委托书和身份证件的复印件。主持人还应当核查各投标人出席开标会代表的人数，无关人员应当退场。

（7）主持人作招标情况说明。

主持人介绍招标文件组成部分、发标时间、答疑时间、补充文件或答疑文件组成、发放和签收情况；强调主要条款和招标文件中的实质性要求；宣布投标文件截止和实际送达时间，在截标时间后送达的投标文件应当场废标。

（8）检查投标书的密封情况。

招标人和投标人的代表共同（或公证机关）检查每一份投标书的密封情况。密封不符合招标文件要求的投标文件应当场作废，不得进入评标。

（9）主持人宣布开标和唱标次序。

一般按投标书送达的时间顺序或逆顺序开标、唱标。开标人在监督人员及与会代表的监督下当众拆封，检查投标文件的组成情况，并将需要唱标的文件交唱标人进行唱标。唱标内容一般包括研学旅行课程投标报价、研学课程线路规划、安全责任承诺书、投标保证金、研学导师团队主要人员等。在递交投标文件截止时间前收到的投标人对投标文件的补充、修改唱标时同时宣布，在递交投标文件截止时间前收到投标人撤回其投标的书面通知的投标文件不再唱标，但须在开标会上说明。

（10）开标会记录签字确认。

投标人授权代表在开标会记录上签字确认，投标人如对开标有异议，应当场提出，招标人应当场予以答复，并作好记录。

（11）公布标底。

招标人设有标底的，标底必须公布。由唱标人公布标底。

（12）投标文件、开标会记录等送封闭评标区封存。

（13）主持人宣布开标会结束。

4. 开标会纪律

（1）无关人员不得进入开标会场。

（2）参加会议的所有人员应关闭手机、平板电脑等通讯工具。

（3）开标期间遵守会议秩序，不得高声喧哗。

（4）投标人代表有疑问应举手发言，与会人员未经主持人同意不得在场内随意走动。

（5）场内严禁吸烟。

5. 废标条件

投标文件有下列情形之一的，应当场宣布为废标：

（1）逾期送达或未送达指定地点；

（2）未按招标文件要求密封；

（3）投标人法定代表人或授权委托人未参加开标会议，或者未能提供身份证明；

（4）未按招标文件规定加盖单位公章和法定代表人（或授权人）的签字（或印签）；

（5）未按招标公告要求准备投标文件，公告要求的主要材料缺失；

（6）超出招标文件规定，违反国家有关规定；

（7）投标人提供虚假资料。

6. 开标会议记录内容

开标会记录应当如实记录开标过程中的重要事项，包括开标时间、开标地点、出席开标会的各单位及人员、唱标记录、开标会程序、开标过程中出现的需要评标委员会评审的情况。有公证机构出席公证的还应记录公证结果。

二、评标

1. 评标委员会的组建

在招标公告发布后，学校应适时组建评标委员会。评标委员会的人员应该包括研学旅行课程专家或专业人士、学校教师代表。

评标委员会可以设主任1名，副主任1~2名，成员人数应为5人以上单数。评标委员会主任一般应由研学旅行课程专家担任。评标委员会主任、副主任与评标委员会的其他成员有同等的表决权。

评标委员会成员名单一般应于开标前确定，在中标结果确定前应当保密。

根据《评标委员会和评标方法暂行规定》及其修正案等规定，以及研学旅行工作的实际情况，评审专家应符合下列条件：

（1）从事研学旅行学术研究或教学实践工作，具有中级或中级以上职称或者同等专业技术水平。

（2）熟悉有关招标投标的法律法规，并具有与研学旅行相关的实践经验。

（3）能够认真、公正、诚实、廉洁地履行职责。

根据《评标委员会和评标方法暂行规定》，评标委员会专家成员应当从依法组建的专家库内的相关专家名单中确定，专家成员应在相关专业领域工作满八年并具有高级职称或者同等专业水平。但是研学旅行工作2016年11月刚刚被纳入课程体系，尚处于起始阶段，研学旅行工作的专业人员极其缺乏，很难满足专业年限和高级职称的要求，相关专业的专家库也尚未组建，只能以综合实践活动课程的专家库代替。为保证实际工作需要，对专家任职条件可以作适当调整。已经建立了研学旅行专家库的地区，应该从专家库中依法遴选评标专家。

根据《评标委员会和评标方法暂行规定》及其修正案等规定，以下人员不得担任评标委员会成员：

（1）学校领导和学校研学旅行课程的主管部门负责人；

（2）投标人或投标人主要负责人的近亲属；

（3）与投标人有经济利益关系，可能影响对投标公正评审的人员；

（4）曾因在招标、评标或其他与招投标有关的活动中从事违法行为而受过行政处罚或刑事处罚的人员。

2. 评标准备工作

（1）确定评标时间安排与评标会场地点。

（2）物资准备。

办公设备及用品：打印机、电脑、A4纸、订书机、订书针、中性笔、文件夹、大信封。

招待物品：饮水机、桶装水、瓶装水、茶叶、水果、点心。

（3）布置评标会议现场。

（4）打印整理评标室需要的招标文件，将所有投标文件放至评标室。

（5）制作打印评标所需的相关表格和文件。

3. 评标过程

（1）在指定地点、指定时间召开评标会议。

（2）评委进入评标室入座后，在监督人的监督下封闭评标室并收取评委的通信工具。

（3）主持人宣布评标委员会主任和成员名单，介绍监督人员，工作人员就位。

（4）主持人宣读评审纪律。

（5）向评标委员会成员分发评标所需的相关文件。

（6）评标委员会主任主持会议，研究招标公告，对招标方提供的评审方案和评标细则进行讨论、修订，完善供评标使用的表格。

（7）投标人作投标陈述，评标委员会成员对投标文件中存在不明确的内容进行问辩和确认。

（8）评标委员会成员按照评标细则，分别进行打分，计算综合得分。工作人员进行核对汇总，并计算出排名，确定中标投标人及中标线路课程名单。

（9）编写评标报告，对中标投标书中的课程方案或研学旅行手册提出课程修改建议。评标委员会成员签字确认。

（10）监督人员签字确认。

（11）主持人宣布评标结束，返还评委通讯工具。

（12）退还未中标的投标人交纳的招标保证金，中标投标人的招标保证金转为履约保证金。

三、评标结果的发布与公示

1. 评标结果应现场公布，并同时在招标公告中指定的发布信息的网站或媒体予以公示。

2. 发布招标结果时应明确公示期，标明异议及相关证据提交的渠道及截止时间。

四、招标结果正式公布与确认

1. 公示期结束，如无异议，中标的投标人确认签字。

2. 如有异议，对证据信息进行核实，如举报信息属实，且严重违反招标公告的要求或国家法律法规，应立即发布公告，取消投标人的中标资格。

3. 按照规定，根据评标赋分排名顺序依次递补中标课程的投标人，递补的投标人重新交纳履约保证金。

4. 招标人与中标投标人签署研学旅行课程委托实施协议。

思考题

1. 什么是招标信息？研学旅行的招标信息包括哪些内容？

2. 什么是招标公告？招标公告包括哪些内容？

3. 研学旅行招标一般有哪几种方式？学校应如何选择合适的招标方式？

4. 简述研学旅行招标工作的一般程序。

5. 简述研学旅行招标的依据和原则。

6. 山东省济南市某中学准备在5月份组织高一年级学生研学旅行。计划分四条线路出行，线路核心城市指定为：南线——上海、苏州，北线——北京，西线——西安，东线——青岛。出行时间为5天。拟采用公开招标的方式向社会进行课程招标。请根据以上信息为该校拟订一份招标公告。

7. 根据第6题所拟订的招标公告，为某旅行社编制一份投标书。

8. 请为第6题所示学校制订一份开标工作会议方案。

9. 请为第6题所示学校制订一份评标工作方案。

一、成立项目组

1. 工作人员配置

课程中标后，承办方应立即组建课程项目组，着手开展各项工作。首先应确定项目组组长，负责统筹协调研学旅行各项工作。配备研学导师一名，协助项目组组长开展工作。获取学生的选课信息后，根据选课人数确定应该配备的研学导师人数。如果选课学生人数多，可以安排分批出行。可以由项目组长带领第一批，再安排一名副组长带领第二批。每批每车应配备一名研学导师，一名安全员。通常根据协议要求每批配备一名队医。一个出行批次为一个教学团队，项目组长对各批次的教学工作进行总调度。针对前一批次在课程实施中出现的问题提醒下一批次做好预防和应对措施，并安排供应方做好下一批次的接待工作。

2. 对项目组成员进行研学旅行工作培训

项目组长负责组织对研学旅行团队进行培训，培训内容包括：

（1）团队成员的岗位责任。每位成员应熟悉自己的岗位职责，并能够相互配合，团结协作。

（2）线路课程方案培训。每位成员都要熟悉课程方案的内容，尤其是研学导师，必须对研学旅行手册的内容非常熟悉，要能够达到可以独立实施教学的程度。每位成员，特别是安全员应熟练掌握安全应急预案、安全防范措施、安全注意事项的相关规定，要既能够进行安全事务处置，又能够对学生进行安全教育。

（3）可以请研学课程专家对项目组成员进行研学旅行课程的专题培训，让其系统学习研学旅行课程设计与实施的相关知识和技能。

3. 与主办方建立沟通渠道

项目组要及时与主办方沟通协调，建立沟通联系渠道。要与主办方工作团队建立多种联系渠道，包括电话联系渠道、微信或QQ群。在课程准备期间就各类问题随时讨论解决。

4. 获取选课学生信息

主办方组织学生选课后会及时把学生报名及分组信息提供给承办方。承办方项目组应根据学生分组名单和带队教师信息安排出行批次和车次，并将分配方案与主办方工作团队交流确认。之后的课程准备工作将以此为基础展开。

5. 物资准备

根据师生人数和出行批次与车次配置方案，采购团队衣服和帽子、胸牌、行李牌、纪念品、活动用小礼品（奖品）、必备药品等物品；印刷研学旅行手册；准备与课程实施有关的教学资料以及旅途中车上播放的音乐视频资料；备好饮用水、一次性雨披；团队成员配备导游旗、对讲机、扩音器、话筒等工作物品。

二、课程线路勘察

1. 课程线路勘察应该在收到投标公告，准备课程设计方案和编制研学旅行手册之前完成。具体勘察内容见第三章第三节。

2. 如果在提交投标书之前确实来不及进行线路勘察，则课程中标后必须进行线路勘察。

三、与供应方的合作洽商

1. 资质审查

对所有拟合作的供应方进行资质审查，确保供应方为合法、合格、具有安全保障、有课程实施能力和供应服务能力的合作方。

2. 开放式旅游景区

（1）团购门票优惠价格的议定。

（2）景区内单独收费景点的优惠议定。

（3）景区内部交通工具的使用议定。

（4）有提前预约要求的景区预约参观时间。

（5）预约景区讲解员，与确定的讲解员沟通授课内容和注意的问题。

（6）确定景区的特殊要求，如安全注意事项、活动组织方式、禁止性规定等。

3. 场馆、营地

（1）议定参观学习项目，如有定制类活动，确定活动项目和活动内容。

（2）议定收费价格与支付方式。

（3）预约讲解员或场地教练，与确定的讲解员或教练沟通授课内容和注意的问题。

（4）确定景区的特殊要求，如安全注意事项、活动组织方式、禁止性规定等。

（5）有提前预约要求的场馆预约参观时间。

（6）签署合作协议。

4. 酒店

（1）酒店星级标准核定。

（2）审核查验酒店卫生与安全管理。

（3）议定收费标准。

（4）确定入住时间与房间数。

（5）就餐安排。

（6）叫醒服务约定。

（7）房间预订。

5. 非住宿就餐酒店

（1）确定饮食特色。

（2）审核卫生管理标准。

（3）确定就餐人数与就餐标准，审核菜单，提供特殊人员就餐说明。

（4）确定就餐时间。

（5）议定支付方式。

（6）就餐预订。

6. 地接旅行社

（1）按照相关法律和行业规定，与地接旅行社议定合作方案。

（2）对地接导游提出课程实施要求。

7. 交通供应方

（1）飞机、火车票预订。如有需要可以与航空公司、铁路公司协商包机或预订车厢。

（2）与出租汽车公司或旅游服务公司签订旅游大巴租用协议，规定按照招标公告标准提供符合要求的车辆，配备合格司机。

四、与保障方的洽商

1. 保险公司

（1）投保旅行责任险。

（2）为所有师生和服务、保障人员投保意外伤害险。

2. 派出所与医院

景区驻地派出所和医院均为按照法律规定承担保障职责的研学旅行保障方。不需要提前沟通，但要做好相关信息的搜集，比如景区最近的派出所与医院的位置及电话信息等。

五、课程的完善与修订

根据评标委员会和学校给出的课程方案或研学旅行手册修订意见，结合与供应方洽商的结果，对课程方案或研学旅行手册予以修订。修订后的课程方案或研学旅行手册应提交学校进行审核，审核通过后进行印刷装订。

六、为学校提供的行前课程

承办方可以根据学校的要求或课程实施的需要，为学校提供必要的行前课程内容，供学校在安排行前课程时选择使用。这些内容包括：

（1）课程资源详述

承办方要把确定的课程资源详述提供给学校，供学校进行行前动员时使用，也可以作为学生选课的参考依据。

（2）与课程主题相关的专题报告

为了更好地实施课程，让学生充分了解课程资源的特点、价值和意义，激发学生的学习兴趣和选课动机，可以根据学校要求或主动提供必要的专题报告。报告可以选择与旅行研修的学习资源相关的历史、文化、科技等方面的专题讲座。

（3）与旅行知识相关的讲座

为了更好地实施课程，可以给学校提供与旅行知识相关的专题讲座。包括旅行准备、个人旅行行程设计与规划、文明旅行知识、旅行安全知识、与旅行有关的法律知识、旅行目的地的民俗知识等。

专题报告与讲座可以请相关领域的专家提供，也可以由承办方的专业人士提供。

思考题

1. 课程中标后，承办方应立即组建项目组。项目组应该由哪些人员组成？

2. 为了保障研学旅行课程的顺利实施，承办方应该对项目组成员进行相关培训。培训应该包括哪些内容？

3. 为保证课程顺利实施，承办方需要与哪些供应商开展业务洽谈？需要洽商的具体内容分别是什么？

4. 承办方应该为学校提供哪些行前课程？

5. 承办方应该在课程中标前或中标后进行线路勘察，线路勘察应完成哪些勘察任务？

第五章

学校的行前课程

准备

一、组建研学旅行教学团队

1. 学校教学团队

每一条线路组建一个教学团队。

每条线路有一位领队，通常由一名学校中层干部担任。如果某条线路选课人数较多，需要分批出行，则应再配备一名副领队带领后一批学生出行。

每10～15名学生组建一个研学小组，配备一名带队教师，领队和副领队兼任带队教师。一般每辆车要配备三名带队教师，组成一个研学教学小组，全程随车随队组织教学，进行管理。

研学教师团队在领队的带领下分工协作，共同完成行前课程的相关任务。

2. 承办方研学导师团队的资质审核

承办方研学导师团队成员确定后要将成员资质证明提交学校审核。项目组长、研学导师、安全员、随队医生等所有团队成员必须符合国家关于研学旅行从业人员要求的相关标准，必须符合招标公告和双方合作协议关于团队成员的相关约定。不符合从业人员要求的，学校应要求承办方调整成员。

3. 管理架构与分工分组

双方的研学导师团队成员确定后，应在研学旅行出发前召开联席会议，明确团队成员工作职责，分工合作，建立管理架构。

研学旅行课程实施应以承办方团队成员为主，教师团队配合承办方团队对学生进行管理，并全程对课程实施进行监督管理。在课程实施过程中与招标协议不一致的行程或教学内容、服务标准的调整，必须经过学校领队同意，重大调整学校领队应请示学校领导，学校领导同意后方可执行。

关于行程内课程实施的具体安排，不违背招标协议的，学校带队教师应尊重承办方研学导师的工作职责。如有分歧，可以提出自己的意见和建议，如果确实认为对方的工作情况有问题且不能达成一致，在不侵害学生权益的前提下，可以保留意见，并在工作评价中予以记录。

二、研学旅行的行前动员与组织

1. 对学生的动员

（1）研学旅行课程实施的政策背景

在对学生进行研学旅行课程动员时，首先应全面阐述课程开设的政策背景。要让学生理解研学旅行课程对个人学业发展和未来发展的重要作用。

从学业角度来看，研学旅行课程的学习结果将是个人《学生发展素质评价报告》的重要内容，是未来高等院校招生的重要参考依据。尤其在高校自主招生和综合素质评价招生等招生途径中，是学校评价考生是否具备招生资格的重要条件之一。

从个人未来发展的角度看，读万卷书，行万里路，实践学习永远是书本学习无法替代的学习方式。在研学旅行中开拓眼界、增长知识，提高技能、学会分析，掌握课题研究规范，是未来学习和工作的重要基础。

（2）研学旅行的课程特点

在对学生进行动员时，还要给学生阐述研学旅行的特点，让学生了解研学旅行课程与普通学科课程的重要区别。可以从课程目标、课程内容、课程实施、课程评价等基本要素方面让学生对研学旅行课程有总体的认知。

要让学生了解研学旅行课程的基本任务。在研学旅行课程中学生除了从一般的观光旅行中获得收益以外，作为课程，还必须完成基本的学习任务。这些任务包括课程实施过程中的作业以及形成的研学旅行成果。研学旅行成果包括文本类成果、制作类成果和影像类成果，不同学段的要求有所不同。小学学段的研学旅行成果主件为研学旅行总结或小作文，初中学段的成果主件为研学旅行总结、游记或研究报告，高中阶段成果主件为课题研究报告。

要在课程动员中让学生清楚研学旅行课程的学习方式。要让学生学会倾听、观察、分析和自我管理，学会合作研究，学会交流分享。

（3）学校研学旅行课程管理

研学旅行课程管理是必须让学生知道的重要内容。要在课程动员时给学生介绍学校的研学旅行课程管理规程，使学生知道在旅行过程中应该遵守的纪律要求，知道在课程实施过程中和课程结束后对学生的评价内容和评价方法。高中学生要知道如何进行学分认定，哪些成果和评价结果要记入《学生发展素质评价报告》。要给学生阐明行后课程的内容，让学生知道学习成果展示和评比与表彰方案。

（4）选课指导

学校公布中标课程与承办方，介绍各线路课程规划，公布课程费用，并指导学生选课。在选课时应指导学生主要遵循以下原则：

第一，兴趣原则。首先应该选择自己感兴趣的课程线路。

第二，健康原则。要考虑课程线路的旅行运动强度，要在自己体能可以承受的范围内选择课程。要考虑线路的气候条件，选择适合自己体质特点的线路课程。

第三，经济原则。要考虑不同线路的费用标准，根据家庭经济条件选择适合自己情况的课程线路。

2. 家长课程

学校开设家长课程，是让学生家长知道研学旅行课程开设的政策背景，明白研学旅行不是学校的个体行为，而是国家课程要求。要向学生家长讲清楚课程的重要意义，让家长理解研学旅行课程不是观光旅行，取得学生家长对研学旅行工作的理解、支持与配合。

（1）研学旅行课程实施的政策背景及对学生的重要意义

本项动员内容与对学生进行动员的第一项内容基本相同，应特别向学生家长讲清楚研学旅行课程对学生参加高等院校招生时所起的重要作用，这往往是学生家长更关心的问题。

（2）学校研学旅行课程招标的情况通报

学校要把研学旅行课程招标工作向学生家长通报，这是校务公开的基本要求，也是取得学生家长信任与配合的重要措施。

通报内容应包括招标公告的基本要求、招标流程、招标纪律、招标监督、招标结果等。如果招标过程有国家公证人员公证，应公布公证证明文件；如果招标过程监督员由家长代表担任，可以由担任监督员的学生家长作监督情况说明。

（3）选课指导

给学生做选课指导的内容也同样要向学生家长讲清楚，便于学生家长与学生对选课意向达成一致。

（4）课程实施中的问题及解决机制

研学旅行作为学校委托承办方实施的校外课程，存在难以避免的意外情况。在课程实施过程中，对于承办方的工作，尽管有协议约束，由带队教师监督，但毕竟存在出现意外情况的可能。在面向家长的动员课程中应该对可能出现、难以避免的问题向家长作出说明，并给出意外情况的解决机制，以避免在课程实施中出现不必要的纠纷。

3. 课程（线路）选课与编组

（1）选课

学生根据中标课程信息和学校的选课指导意见，在规定时间内完成选课。选课可以利用学校的网上选课系统，也可以人工统计选课情况。选课同时登记学生信息，包括学生的身份证号码、性别、民族、所在班级、父母联系电话、学生本人在研学旅行期间携带的电话、本人血型、疾患声明等信息。

（2）编组

根据各线路选课的人数，将学生进行分组。各小组按规定配备研学导师，组建学校带队教师团队。每个小组指定一名组长，由小组长和本组带队教师建立本组的联系渠道，包括电话信息、微信或QQ群。如有重要通知，组长要确保能在规定的时间通知到每个人。

将学生选课名单及相关信息提供给承办方。承办方根据报名人数和学校提供的分组信息，组建研学导师团队，准备出行物资。

（3）缴费

安排统一时间，各中标的课程承办方派人携带收款设备到学校统一收费。学校要提前通知学生及家长做好缴费准备。

（4）签署协议

承办方要与学生家长签署研学旅行协议，明确规定在研学旅行课程实施过程中双方应承担的义务和享有的权益。协议文本应经过学校审核。

三、与承办方的沟通与监理

1.与承办方的联系机制

学校各线路的领队应负责与承办方的研学旅行项目组长建立有效沟通机制，及时交流各自工作进展，交流行前工作中需要沟通配合的各种情况。

2.要对行程规划细致审核，确定招标时约定的行程是否有调整，特别要杜绝行程中安排购物活动。

3.要监督承办方合理订购航班机票和火车车票，如果合同中有关于航班机型的约定，必须按协议订票。如没有机型的约定，则主要审核航班的时间是否合适。

4.监督承办方按照招标协议规定履行承诺。特别是要监督承办方确定最终的行程规划，完成研学旅行手册的修订。

四、学生行前课程

1.研究性学习课题专题讲座

让学生掌握课题研究的基本规范，是研学旅行课程的重要教学任务。对于高中学段而言，学校应安排课题研究专题讲座，让学生在行前掌握课题研究的基本常识。专题讲座应该包括以下内容：

（1）课题研究的选题

应该让学生了解选题的常用方法，比如从问题中生成课题，也就是常说的问题即课题。爱因斯坦曾经指出，提出问题比解决问题更重要。通过课题选题的训练，可以培养学生发现问题的能力。再如，以项目为课题，可以以某个活动策划或制作研发项目为课题，培养学生解决问题的能力。

（2）课题研究的常用方法

对于中学生而言，应该学会最基本的研究方法，比如观察法、问卷调查法、访谈调查法、经验总结法、案例研究法等。

（3）课题研究的预期目标

要让学生学会制订并简练、规范地陈述研究目标。

（4）课题研究的内容

要教给学生确定课题研究内容的维度，要让学生清楚规划课题可以分为哪几个方面的问题进行研究。

（5）课题研究计划

要让学生知道什么是研究计划，学会制订研究计划。一般来说，研究计划可以把整个计划的研究过程分成不同阶段，并明确每一阶段的时间节点和研究任务。

（6）课题研究过程

要教会学生在研究过程中应用所选取的研究方法完成预定的研究任务。学生要学会如何进行数据和信息的记录，如何对数据及获取的信息进行分析处理，从而得出研究结果或结论。

（7）课题研究成果

专题讲座应该教给学生研究成果一般有哪些类型，如何陈述和表达研究成果。

（8）研究报告的撰写

讲座应该教给学生研究报告撰写的规范，给出研究报告的结构范式。可以给学生提供研究报告的示范案例。

初中学段学校在开设课题研究专题讲座时可以降低要求，对报告内容予以简化。

小学学段不必开设课题研究专题讲座，教师在研学旅行过程中应有目的地培养学生的研究意识。

2. 旅行知识讲座

学生在研学旅行课程中应该学会如何安排和实施旅行，学会独立自主地安排自己的旅行，为将来的独自出行做好知识与能力的储备。旅行知识讲座应该包括如下几方面的内容：

（1）个人旅行的行程规划

首先应根据自己的时间安排确定出行的时间，再根据时间确定出行的远近，然后根据自己的意愿、兴趣、目的，结合自己的经济承受能力确定旅游的目的地。

（2）如何做好旅游攻略

学生应该学会自己做旅游攻略。一般来说，可以从吃、住、行、游、购、娱六个方面对行程安排进行信息收集和分析研究。

1）吃。要研究目的地的饮食文化，了解当地的特色美食。还要研究在什么地方可以吃到正宗、实惠的特色美食。

2）住。在距离目的景点合适的范围内选择住宿酒店，上网查看酒店的住宿条件和价位，看一下住客的评价，尽量选择安全卫生、出行方便的酒店入住。

3）行。也就是研究好交通问题，包括两个方面。

一是前往目的地和各个目的地之间应该选择什么样的出行方式。可以比较一下不同出行方式的优缺点以及交通费用，根据自己的实际情况选择最适合自己的出行方式。

二是目的地住宿酒店与景点之间的交通问题，这也是选择酒店的参考依据之一。

4）游。这是旅游的核心要素，也就是景点的选择。可以根据自己的目的和兴趣选择旅游景点。一般来说，如果没有特别的学习或研究目标，首次到一个地方，应该选择当地最具代表性的景点或景区参观游览，这样可以对当地最典型的文化特色有一个基本的了解和体验。如果之前去过，已经比较熟悉，可以考虑选择更适合自己兴趣、更能体现当地风土人情、具有休闲特色和文化特色的景点进行游览。

出行之前，可以找与选定的目的地和景点有关的书籍读一读，深刻了解相关的文化背景，以提高旅行的品质。

5）购。提前了解当地的特色产品，根据需要适当采购。现在物流发达，一般来说各种商品在各地都能买到，所以不必大量购买。买一点自己确实需要或喜欢的纪念品或特产，再买一点给亲友的小礼品就可以了。当然，如果旅行本身就带有采购目标的另当别论。

6）娱。根据自己的兴趣，可以适当安排参加或欣赏一些娱乐或文化项目，比如迪士尼乐园、杭州宋城的大型演出、鄂尔多斯蒙古族民族文化演出等等。尽量选择一些有品位、格调高雅的文化娱乐项目。

（3）旅行安全

学生在行前应该掌握基本的安全知识。包括：

1）交通安全。比如乘坐飞机、高铁、轮船、长途大巴等各类出行方式相应的交通安全注意事项。

2）景区的游览安全。自然景区的环境安全，如爬山、涉水、野生动物等相关的游览安全；营地、教育实践基地的活动安全；旅行目的地的社会安全，如社会治安、民族风情等。

3）饮食卫生、意外伤害的应急处理常识。

4）出境出国游的安全事项及紧急求助方式。

5）个人财务安全。

（4）行前准备

1）行前物品准备。可以列出出行必备物品清单，按照清单逐件装入行李箱或办理托运。物品准备要考虑气候条件、地理条件、交通条件、出行时间等因素。

2）票务准备。要根据出行方式提前预订机票或车船票。

3）证件准备。身份证、护照、学生证以及其他旅行需要的证件。

4）药物准备。根据自己的健康状况准备个人日常用药和预防用药。

3. 线路文化专题讲座

针对研学旅行线路上相关的重要文化和历史等人文资源，开发相应的文化专题讲座，让学生对即将参观学习的线路文化有更加深刻的了解，激发学生更加浓厚的学习兴趣，也为即将开始的研学旅行做"研"的知识准备。

五、学校研学导师培训

学校参与研学旅行工作的教师和负责人，均应参加研学旅行课程的专业培训。培训应达到以下几项目的：

1. 领队和带队教师必须明确自己的职责。一方面应该具备在研学旅行过程中指导学生学习的能力，也就是能够履行研学导师的职责；另一方面要具备监督承办方实施课程的能力，并能够对承办方的工作和课程方案作出评价。

2. 学校负责人和教师应该掌握研学旅行课程设计与开发的基本规范。一方面学校可以逐步打造自己的研学旅行课程开发的师资队伍，为学校研学旅行课程的特色化奠定基础；另一方面，只有掌握研学旅行课程的基本规范，才有可能在课程招标和课程评价中把握正确的标准。

六、学校应急预案

学校应该制订研学旅行工作应急预案，明确：研学旅行途中出现意外事故时，线路领队及时汇报的程序和标准；学校领导小组对意外事故等级的判断；学校应该采取相应措施的标准，例如什么情况下应向上级汇报，什么情况下应该派出校级领导赶赴现场协助处理；如何向家长通报情况；应急处理的操作流程等规定。

思考题

1. 招标工作结束后，承办方应组建研学旅行教师团队，团队应该有什么样的管理架构？双方的团队应该如何分工协作？

2. 学校应该从哪些方面对学生进行行前动员？

3. 学校给学生家长提供的行前课程应该包括哪些内容？

4. 学校应面向学生开设哪些方面的行前课程？课题研究讲座的主要内容是什么？

5. 如果学校邀请你去做安全知识专题讲座，结合你所掌握的知识和旅行经验，撰写一份旅游安全知识讲座的讲义。

6. 某旅行社承接了济南某小学青岛研学之旅的研学旅行课程，课程学习资源包括金沙滩和崂山。请据此信息制订一份学生活动注意事项，一份安全预防措施方案，一份应急预案。

第一节　启　程

一、准备

1.研学导师团队

在行前一天，研学导师团队成员要根据各自的职责做好准备工作。

（1）项目组长与研学导师联系沟通，落实研学旅行需要携带的必备物品。要落实好车辆，与司机确定好到达集合地点的时间，记好车牌号。

（2）学校领队与各带队教师联系，确认工作准备情况，通知学校门卫（安保人员）有关集合出发的信息。

（3）研学导师和学校带队教师要通过QQ群或微信群再次提醒家长和学生集合的时间、地点，提醒学生必须携带的物品，特别是身份证、学生证、研学手册；提醒家长协助学生清点物品。

2. 学生

列出必备物品清单，请家长协助清点是否有遗漏物品，然后自己对照物品清单逐件装箱。

先给手机充好电，然后将充电器装在随身携带的手袋中。

根据到达集合地点的时间，确定起床时间，定好闹铃。

早休息，不要睡得太晚。

3. 家长

家长可以结合自己的旅行经验给孩子提供一些旅行建议，也可以就即将出行的目的地的相关知识跟孩子做一些交流探讨。

家长要协助学生清点旅行物品。

二、集合

集合地点一般都在学校，学生必须在指定时间前到达集合地点。

学生如果要求直接到达机场或车站，必须提前获得导师团队批准，由家长将其送到机场或车站，当面与研学导师交接后方可离开。

各小组组长清点本组人数，出发前十分钟与未到达的学生电话联系，确定能否准时到达，有无特殊情况，并向带队教师汇报。

三、转乘大巴

1. 在车上坐好后，项目组长和各组研学导师再次清点人数，确定所有人员上车后，启程前往机场或车站。

2. 在行车途中，项目组长向全体成员介绍研学导师团队成员，介绍乘机或乘火车的安检常识和乘机、乘车常识，了解各种禁止性规定。

3. 在行车途中与学生进行简单互动，带队人员与学生初步相互了解，为后续行程中的交流与管理奠定基础。

4. 再次提醒学生检查身份证件。

四、机场或车站

1. 机场

在机场，组织学生办理登机牌及行李托运，提醒学生相互照应，看管好随身物品，避免遗失。如有学生遗忘证件，立即与学生家长联系，如果时间来得及，要求家长将证件及时送达。如果来不及，项目组长应负责协调办理临时身份证明，并做好后续行程办理相关手续的准备。

及时组织学生安检候机。提醒学生注意文明候机、乘机，遵守相关规定，不得喧哗嬉戏。

登机时研学导师清点学生人数，项目组长确定所有学生及教师登机后最后登机。

2. 火车站

如果已经集体购票，则清点人数，发放车票。如网上购票尚未取票则迅速组织学生在窗口或自动取票机取票。

提醒学生将车票和身份证件准备好，安检候车。

上车后研学导师和项目组长再次清点人数。如果学生不在同一车厢，要根据订票信息逐个车厢到对应位置查验人数。

确认全部学生上车就座后，提醒学生在车厢内保持安静，等候发车。

车辆到达目的地车站前，项目组长和研学导师巡视车厢，提醒学生带好物品，准备下车。

五、地接

出机场或目的地车站后，地接导游组织团队转乘车辆，项目组长与地接导游进行工作对接，课程实施由地接导游承担，开始研学旅行行程。

第二节　开营仪式

一、开营仪式的组织形式

开营仪式的组织者可以是主办方，即学校，也可以是承办方。

如果由学校组织开营仪式，则地点一般在学校。可以组织所有线路的全体学生参加，然后分别开启行程。如果所有学生同批实施同一线路课程，也可以在研学旅行第一目的地举行开营仪式。

如果由承办方组织开营仪式，则一般在线路的第一目的地，在抵达的当天举行。

二、开营仪式的重要意义

1. 通过开营仪式，让学生认识研学旅行的重要意义，深刻理解即将学习的课程内容的价值。

2. 通过开营仪式，明确研学旅行的活动纪律。

3. 通过开营仪式，让学生体验仪式感，端正对研学旅行的态度。

4. 通过开营仪式，对学生进行进一步动员，明确研学旅行的学习任务。

5. 不同学段的开营仪式教学目的有所不同。小学、初中更侧重于仪式感的营造，让学生通过体验仪式所营造的氛围，感受研学旅行的重要意义。高中则更加侧重于通过开营仪式，引发学生对研学旅行重要价值的理性思考。

三、开营仪式的一般流程

1. 学校组织的开营仪式

（1）主持人宣布仪式开始。主持人通常由分管研学旅行工作的副校长或部门负责人担任。

（2）介绍参加开营仪式的领导和嘉宾。一般包括学校领导、承办方领导、学生家长代表以及其他邀请到的重要嘉宾。

（3）学校领导作动员讲话。

（4）承办方领导讲话。

（5）研学导师代表讲话。

（6）学生家长代表讲话。

（7）学生代表发言。

（8）宣读研学旅行纪律或文明旅行公约（或倡议）。

（9）授旗。

（10）开营仪式结束。

2. 由承办方组织的开营仪式

由承办方组织的开营仪式在形式上可以不像学校组织的开营仪式那么严肃，更加体现组织者与学生的交互性。

（1）主持人宣布开营仪式开始。

（2）主持人介绍受邀参加开营仪式的第一目的地营地的负责人以及研学导师团队成员。

（3）项目组长介绍本线路课程的基本情况，激发学生的学习期待。

（4）学校领队讲话，宣布研学旅行纪律，对学生提出希望和要求。

（5）学生作自我介绍，并交流自己的研学规划。学生人数较多时可以以小组为单位交流。

（6）主持人可以适当组织学生表演节目以增进师生之间的感情，也可以穿插安排小游戏，以烘托气氛。

（7）主持人宣布研学旅行课程正式开始，项目组长宣读第一单元的学习要求和注意事项。

（8）主持人宣布开营仪式结束。

思考题

1.启程前一天研学导师团队应该做好哪些准备工作？

2. 如果你是参加研学旅行即将出行的学生，行前应该做好哪些准备工作？如果你是学生家长，需要做哪些工作？

3. 如果你是本次研学旅行的项目组长，需要在出行前提醒学生哪些关于乘坐飞机和高铁的注意事项？

4. 某学校本次研学旅行共5条线路，1 000余名学生，学校决定出发当日上午8点在学校操场举行开营仪式，时间1个小时，仪式结束后各条线路的师生从学校启程。请为该学校拟订一份开营仪式方案，制订仪式流程时要注意时间的分配。

5. 某初中学校不集体举办开营仪式，由各条线路自行组织。其中一条线路的第一目的地为孔庙、孔林、孔府景区，如果你是本线路项目组长，请为本线路研学旅行团队制订一份研学旅行开营仪式方案。

6. 某小学五年级学生共300余人，为了让学生学习红色文化，接受革命教育，今年计划赴延安开展研学旅行。请为学校制订一份在革命圣地举行的开营仪式方案。

第一节　课程实施的每日常规

一、叫醒与早餐

1. 按照与酒店的约定，酒店服务人员应负责叫醒。项目组长应在规定的叫醒时间负责与叫醒人员对接，落实叫醒情况，对于没有回应的房间，立即安排研学导师或带队教师前往房间了解情况。

2. 检查餐厅就餐准备工作。

3. 组织师生有序就餐。

4. 落实车辆按时到达酒店门口，等候出发。

二、前往景点参观学习

1. 集合。如果参观学习完毕后返回酒店，则提醒学生携带必要物品即可；如果不再返回酒店，则应组织学生有序退房，确认没有遗忘物品。

2.组织学生上车，检查清点人数。

3.出发。行车途中研学导师介绍即将学习的资源概况，讲解学习注意事项。

4.若离景点较近，徒步前往景点，则队伍前后都必须有研学导师或带队教师。一般安排项目组长和承办方研学导师在队伍前后各一人，前方导师执导游旗领路，后方导师执导游旗负责断后，确保学生不脱队掉队。学校带队教师要前后呼应，至少有一名教师和后方导师一起在队尾组织。

三、参观学习

1.根据课程方案实施教学。

2.自然学习资源以游览方式学习，通常由承办方研学导师或地接导游负责课程实施。研学导师和地接导游在课程实施时务必与研学手册中的学习任务相结合，切实落实课程目标。

3.场馆、营地类学习资源一般由场馆、营地的讲解员或教练员实施课程。此时研学导师应辅助讲解员或教练员实施课程，帮助学生落实教学内容。

4.在课程实施过程中研学导师和带队教师要负责组织好学生，维护好学习秩序，引导学生文明参观，有效学习。

5.一个景点参观结束，立即清点人数，组织下一个学习环节。

四、午餐

1.在学生参观学习的过程中，项目组长要落实午餐地点的就餐准备工作，确保师生参观结束后按时就餐。

2.项目组长安排人员采购和准备下一行程的必需物品，如水、食品等。

3. 到就餐地点后组织学生有序就餐，提醒学生避免浪费。

4. 如回到原住宿酒店，则可以根据下一阶段行程的时间安排，安排学生适当休息。如果不是返回酒店，而是赶赴下一景点，则应安排学生在车上休息。

五、晚修与就寝

1. 晚修

晚饭后要组织学生完成课程作业。课程作业可以独立完成，也可以小组交流讨论的方式完成。建议采取小组交流的方式完成。学生可以以小组为单位，先对一天的学习进行交流，研讨学习过程中的疑问，交流各自的学习感悟和收获，然后共同完成作业。

2. 就寝

晚修结束后学生各自回到房间，研学导师团队分工查房，禁止学生再出房间。研学导师和安全员轮流值班，确保学生安全。

六、成果整理与展示汇报

1. 研学导师负责在课程实施、就餐、晚修等各个环节拍照，及时在家长群里发布信息，让家长可以及时掌握学生的旅行和学习状况。

2. 项目组长和学校领队分别向各自单位领导汇报一日情况，报平安。

3. 学校带队教师对学生和承办方工作进行一日评价，并做好相关记录。

七、研学导师团队例会

1. 项目组长召集研学导师团队例会，对一天的课程实施情况进行总结，对学生的表现进行分析，对发现的问题研究处理办法。学校领队对研学课程的一日实施情况进行评价并提出建议。

2. 研究第二天的课程实施工作。对需要调度的问题做好预判，对可能出现的问题做好处理预案。

第二节　课程实施中的组织协调

一、项目组长职责的履行

项目组长负责全面调度与协调课程的实施，每天都要把第二天的工作调度安排妥当。即使是地接导游负责完成的工作任务，项目组长也必须亲自核实工作的落实情况，确保行程顺利有序，教学任务有效落实。

项目组长必须进行调度协调的工作主要有：

1. 交通

（1）如果需要乘坐飞机和火车，必须提前了解并随时关注天气情况和航班、车次信息，提前估算好到机场、车站需要的时间，并留出堵车可能延误的时间。

（2）对于前往机场或车站的驳接车或前往下一景点的大巴车，要与司机定好出发时间和泊车地点。要考虑出发地点的实际情况，如果是在酒店门前的路边，要考虑门前是否允许停车，以便提前组织学生到指定泊车处候车。驳接车或大巴车到达后，要留意和观察司机状况，如有疲劳或饮酒状况，应果断处置。

（3）提前通过地接导游了解所经路线的交通状况和路况信息，针对可能出现的交通事故或修路、自然灾害造成的交通阻断，要提前规划绕行线路。

（4）安排安全员坐在车辆前排，随时观察路况，并留意司机状况。如司机出现疲劳状态或连续行车超过两小时，应提醒司机进服务区或在可以临时停车的安全地点停车休息。

（5）如发现司机表现出异常状态或发现车况异常，应及时安排停车，迅速查明情况，并向项目组长反映。项目组长要及时果断采取措施，必要时要求供应方更换司机或车辆。

2. 天气情况应对措施

（1）项目组长必须随时关注天气预报和天气变化。如有灾害性天气状况，要及时启动应急预案，不可冒险出行。

（2）要根据天气状况提前通知师生准备好衣物和雨伞，以及防晒、防冻、防滑等必备物品。

（3）提前了解并随时关注天气情况导致的路况变化信息，做好应急准备。

3. 食宿

（1）食宿方案

项目组长要和研学团队一起制订食宿方案。

住宿地点通常已在行前预订，行程中主要是要提前调度好酒店做好接待准备。首先要落实好预订的房间数量，酒店必须在研学团队到达前做好房间内务准备，研学团队到达后即可入住。然后确定登记入住方式，是集体登记分发房卡，还是逐个登记依次入住。根据酒店登记入住方式确定是否需要提前收齐相关证件。

饮食方案要考虑当地的饮食文化，依据安全、营养、多样、经济、实惠的要求制订就餐方案。

（2）食宿地点

提前确定就餐地点和入住地点。早餐一般在入住酒店用餐，但午餐和晚餐，一般可以与入住酒店分开。项目组长要提前做好规划和调度，确保时间的有效利用。

（3）食宿标准

食宿标准要按照招标协议中的规定执行，项目组长要与食宿供应方充分沟通落实，确保标准执行到位。

（4）就餐形式

根据就餐环境和就餐时间，提前确定是自助餐还是桌餐。如果是桌餐，要确定每桌的人数，提前分好小组，确保有序用餐，提高用餐效率。如果团队中有少数民族学生或老师，要提前作出特殊安排。

（5）住宿管理

根据研学导师团队成员的职责和实际需要，对学生的晚间安全管理进行分工协调，确定好每位老师负责检查的房间，安排好查房时间，统计查房结果，处理出现的问题。做好晚间值班安排，确保学生不离开酒店，不串房间。

4.教学工作调度

（1）景点预约

对于需要预约参观的景点或场馆，项目组长负责在规定时间内完成参观预约，并提前了解参观注意事项，特别是证件要求和各类禁止性要求。

（2）设施准备

对于需要活动体验的场馆或营地，提前与景点或场馆确定相关设施、器材和工具的安全性和数量，提醒对方做好设施的安全检查和器材、工具的准备。

（3）与接待人员对接

与景点、场馆或营地接待人员提前联系好车辆到达的时间和泊车地点，了解相关活动安排的落实情况。

（4）与讲解或授课人员对接

与讲解员或教练员对接，对于课程中的重点教学内容提前沟通，以便在讲解或训练过程中突出重点，确保教学效果。

如果安排了讲座、报告或其他授课内容，可以与授课人沟通，提前了解讲座或授课人的基本信息和授课内容，让学生做好相关准备。

（5）活动设计

项目组长要提前做好各时段的活动设计。比如在长途乘车过程中、在参观旅行休息时安排学生做一些互动交流活动，以加深团队成员的相互了解。

5. 时间管理

（1）时间规划

项目组长要负责做好时间规划，在行前课程线路规划的基础上，进一步优化、细化时间安排，要具体到每一个集合、分散的时间，具体规划好在行进过程中的行车时间，在景点的活动参观时间、就餐时间、休息时间等，要做好每一项活动的时间衔接。对于行车时间，一定要结合天气和路况准备好时间余量。

（2）时间执行

在具体执行中要随时掌握活动进度，根据活动进度随时调整互动时间，防止因某个人的散漫影响活动行程。

要督促研学导师和带队教师管理好学生，要明确队前和队尾的负责人员。每个参观景点结束后都要安排各组清点人数，对于没有按时到指定地点的成员要迅速电话联络。

6. 偶发或意外情况

（1）疾病及意外伤害

学生生病或发生意外伤害时，应安排随队医生或一名研学导师或学校带队教师陪同前往医院就医，一般情况下项目组长不要脱离研学团队。

（2）证件遗失

如有学生遗失证件，首先应根据可能遗失的地点联系相关方面协助查找。如找不到，项目组长要负责协助办理临时身份证明，并在需要凭身份证件购票和证件查验时协助处理。

为防止学生证件遗失，以及便于集体购票等工作，也可以将学生的身份证件收起来由项目组长或指定的研学导师统一保管。

（3）应急预案启动

如遇重大突发性事件，项目组长应视情况迅速决定是否启动应急预案。如符合启动应急预案的响应条件，应立即启动应急预案，并指挥研学导师团队的成员按照预定工作流程组织学生行动，确保师生安全，将损失降到最低。

7. 联络与汇报

（1）每日汇报与即时汇报

正常情况下每天都要向后方负责人汇报一天的行程情况。重要情况要即时向后方负责人汇报请示。紧急情况来不及请示的，先行处理后即时汇报。

（2）行进中联络

在课程实施的行进过程中，要组织队前队尾保持联络，前方、后方出现情况时要及时沟通协调。

（3）前后批次的联络

如果分批次出行，项目组长一般要跟随第一批次团队出行。项目组长要负责对第一批次行程中发现的、需要下一批次注意的问题及时进行通报，与供应方预先协调下一批次的接待工作，协助下一批次处理需要提前处理的问题。如有学生将物品遗失在供应方，可以安排下一批次研学导师代领代管，旅行结束返回学校时交还给学生。

8. 每日工作例会

项目组长负责召集每日例会，总结当天的工作，调度第二天的工作安排。如果存在学生违纪情况，在每日例会上要对学生的情况研究处理意见。

二、学校领队职责的履行

1. 与项目组长的工作协调

学校领队要与项目组长配合工作，相互协调。学校领队代表学校监督研学旅行课程的实施，对课程实施过程中的问题提出建议，对违反招标协议的情况予以纠正。

2. 对带队教师的工作指导

学校领队要对学校带队教师的工作进行指导，指导带队教师与承办方研学导师一起组织和管理学生，特别是对于学生的组织纪律、思想教育、行为培养等方面的工作，要主动承担起教育管理的责任，不可以全部推给承办方。对于学生不服从承办方研学导师管理的情况，学校带队教师应及时协助处理。学校领队应在必要时协助处理。

3. 对学生情况的掌握

学校领队要全面掌握学生情况。要随时了解学生对本次课程实施的信息反馈，了解学生在课程实施中的总体表现，可以在每日出发的行车途中对前一天学生的表现情况进行点评，点评应以鼓励为主，对学生中的好人好事要进行表扬，对普遍存在或应该引起注意的问题进行通报提示。

4. 对课程实施的评价

学校领队要及时通过学生和带队教师的反馈信息，结合自己所观察的情况，对承办方的课程实施工作作出评价。

5. 联络与汇报

学校领队的联络汇报工作与项目组长的联络汇报任务内容相似，只是联络的对象为学校的带队教师，汇报的对象为学校分管领导。

6. 应急预案的启动

对于研学旅行过程中突发的重大事项，必须及时向学校领导汇报，如认为有必要启动后方应急预案，必须向学校领导申明应急响应条件，以便学校采取响应行动。

三、研学导师与带队教师

1.教学内容的落实

承办方研学导师和学校带队教师相互配合完成课程实施。以承办方研学导师为主，学校带队教师辅助落实教学任务。

2.学生组织与管理

研学导师在讲授教学内容时，学校带队教师负责组织学生，保障教学秩序。地接导游、景点或场馆营地讲解员、教练员实施教学时，研学导师和带队教师共同组织学生，保障教学秩序。

3.紧急情况的处置

如在课程实施过程中遇到紧急情况，离情况发生位置最近的研学导师或带队教师即为第一责任人，应迅速采取相应措施予以处理，并向项目组长和学校领队汇报情况。

四、供应方工作

1.地接

地接导游应承担在本地域内课程实施工作的具体组织与实施工作，负责本地域内各方工作的调度与协调。

（1）协调调度本地域内相关的供应方落实研学团队吃、住、行、游各方面内容。

（2）负责课程教学任务，落实课程教学效果。

（3）安排研学团队每天的行程，规划执行行程的时间管理。

2.景点、营地及场馆

景点、营地及场馆是研学旅行课程的核心资源，应按照法律和行业标准做好安全保障及相关服务工作。专业营地和场馆按照预约标准做好团队接待和教学工作，各项设施应做好安全检查，教学活动所需要的器材和工具要按照接待团队的规模做好准备。营地和场馆的教练员、讲解员要做好教学准备工作。

3. 饭店

饭店要切实保障饮食卫生安全，按照订单标准提前备菜备餐，确保团队能够及时就餐，不能因候餐时间过长延误团队的下一段行程；要按照预定时间和团队规模，留出就餐空间。

4. 住宿酒店

住宿酒店要按照承办方提供的入住时间和预订房间做好团队入住准备，必须在团队入住前做好房间内务准备工作。对于本酒店入住登记的相关要求应提前与承办方沟通，请承办方提前做好办理入住手续的相关准备工作，特别是证件的准备和房间分配的工作，可以提前完成，以节省入住办理时间。如果团队在酒店就餐，还要按照预约标准和就餐规模提前备菜备餐，做好接待准备工作。

第三节　课程类型与学习组织方式

一、研学旅行的课程类型

参照《研学旅行服务规范》对资源类型的分类方法，研学旅行课程可以分为知识科普型、自然观赏型、体验考察型、励志拓展型、文化康乐型。

1. 知识科普型：主要包括各种类型的博物馆、科技馆、主题展览、动物园、植物园、历史文化遗产、工业项目、科研场所等资源的学习课程。

2. 自然观赏型：主要包括山川、湖、海、草原、沙漠等资源的学习课程。

3. 体验考察型：主要包括农庄、实践基地、夏令营营地或团队拓展基地等资源的学习课程。

4. 励志拓展型：主要包括红色教育基地、大学校园、国防教育基地、军营等资源的学习课程。

5. 文化康乐型：主要包括各类主题公园、演艺影视城等资源的学习课程。

在一条线路的课程中，一般会包含多种类型的学习资源，应当有与之相应的课程类型。不同类型的课程应采用不同的学习方式。

二、研学旅行课程的学习组织方式

研学旅行的学习组织方式既与资源类型和课程内容有关，也与所确定的课程目标有关。学习方式的选择应适应课程需要，灵活选择，不可根据课程资源类型机械套用某一种学习方式。

1. 研学旅行课程的学习组织形式根据群体结构一般分为分组集体学习、小组合作学习和个人体验学习三种方式。

（1）分组集体学习

分组集体学习是指将研学旅行团队分成几个大组，集体参观学习的组织方式。其特点是组内各成员之间没有形成小组结构，虽然集体行动，但组内并没有任务分工和相互合作，成员之间在集体行动中的学习相对独立，只有自发的相互交流，或没有交流。

（2）小组合作学习

小组合作学习不同于分组集体学习。学习小组有明确的共同的学习任务，小组内部成员之间有分工协作关系，从而形成了一定的组织结构。小组成员既要按照分工独立完成学习任务，也要将自己的学习结果与其他成员的学习结果共享整合，在共同分析研讨的基础上，提炼出学习成果，完成小组的学习研究任务。

（3）个人体验

学习活动以个人体验为主，学习过程独立完成，学习结果独立呈现。

2. 根据学习内容和活动方式，研学旅行的学习组织形式一般可以分为以下几种：

（1）参观游览

这是在研学旅行课程实施中采用最多的一种学习方式，适用于多数课程类型的学习。在游览参观过程中学生通过观察、思考、体验、感悟，获取知识，丰富情感，加深理解，形成态度。参观游览的学习组织形式通常为分组集体学习或个人体验。在参观游览活动中，虽然一般情况下是全体学生跟随导游或讲解员一起学习，但每个人的学习以个人观察体验为主。

（2）调查研究

调查研究是研学旅行课题研究的主要学习方式，注重运用实地观察、访谈、实验等方法，获取材料，培养理性思维以及批判质疑和勇于探究的精神。调查研究的关键要素包括：发现并提出问题；提出假设，选择方法，研制工具；获取证据；提出解释或观念；交流、评价探究成果；反思和改进。基于调查研究的严谨性和任务的复杂性，学习组织方式通常会以小组合作为主要形式。

（3）拓展训练

在一些实践基地、夏令营营地或团队拓展基地等资源的学习课程中，经常会进行拓展训练。在这些活动中通常采用团队合作与个体体验相结合的学习方式。有的技能训练需要个体独立完成，而更多的拓展训练项目需要由团队合作完成。拓展训练可以增进团队成员间的了解，拉近感情，提高成员的交流合作能力。

（4）手工制作

手工制作是文化类和科技类课程常用的学习组织形式，是学生在学习某种工艺技术或者文化产品知识后，通过动手制作进行工艺体验的学习方式。比如在参观民俗博物馆时动手学习绣品制作、练习剪纸、制作泥塑等；在参观科技馆时动手操作实验器材完成科学实验，学习车床冲床和切削工艺，动手制作零件或工艺品器件等。

（5）讲座论坛

通过集体听取专题讲座、专家报告等形式学习某一方面的专业或文化知识；通过参加论坛活动参与互动学习交流。

（6）团队游戏

通过团队一起做游戏的方式进行情感交流、协作配合，培养学生团队意识的学习方式。

（7）演艺表演

包括欣赏表演和参与活动两种方式。在学习具有地方代表性的特色文化时，通常以观看演出的方式学习，例如地方戏剧、地方民俗表演等。但有些演艺活动可以安排学习者一起参与表演，如传统文化表演、传统文化或历史故事情景剧表演、经典诵读活动等，都可以安排学习者参与表演。

三、研学旅行课程的教学与学习规范

1. 研学导师和讲解员的专业性

研学导师一般都是由承办方的导游担任，所以在课程实施过程中要特别注意教学规范。

（1）研学旅行的教学要体现教育性与娱乐性的结合，要突出课程的教育意义。研学导师要对教学资源的属性有深刻理解，着力挖掘教学资源的文化内涵和教育价值。教学形式和教学语言宜风趣幽默、寓教于乐。

（2）教学内容和教学语言严禁低俗媚俗。

（3）教学内容以及表达的观点不得违背社会道德规范和法律法规；研学导师和讲解员不得传播小道消息，自觉弘扬社会正能量。

（4）研学导师可以采用讲授与互动学习相结合的教学形式，引导学生参与讨论、表达观点，学会主动学习。

2. 研学旅行学生的学习规范

在研学旅行课程教学中，指导学生掌握良好的学习规范也是教学的重要内容。

（1）研学旅行一般都是在公共场所进行，所以必须遵守公共秩序。要做到举止文明、安静有序，切忌大声喧哗、旁若无人。要自觉遵守景区和场馆的禁止性规定。

（2）带着任务和问题倾听与体验是研学旅行最重要的学习素养。倾听是深度学习的基本条件，是带着思考的听讲。在研学导师和场馆讲解员授课时，要边听讲边思考。由于研学旅行的授课通常是集体学习，所以不要随意打断老师的讲解，有问题可以在老师讲解的间歇提问。

（3）研学旅行是一种体验式学习。学习是在真实的环境中进行，不同于书本上的知识学习。旅行过程中知识的获取更需要靠自己的观察和体验。学习的主动性和观察体验的深刻性将决定学习者的收获水平。

（4）研学旅行的作业不同于学科练习，不需要闭卷完成，一般也不会提供标准答案，所以提倡以小组合作的形式完成作业。在合作完成作业的过程中，学生通过观点碰撞和思想交流，实现对问题更深刻的理解和更准确的表达。

3. 研学旅行作业的评价

研学旅行作业是研学课程的重要内容。研学导师和带队教师均应承担作业指导与评价的任务。研学旅行课程作业的评价应遵循开放的标准。学生可以发表不同的观点，只要不违背道德和法律，不违背基本事实即可。作业评价的重点在于评价学生表达的观点的新颖性、逻辑性、科学性，以及语言陈述的规范性、流畅性和准确性。

作业评价结果一般采用等级评价的方式呈现，通常可以分为优秀、良好、合格、不合格等。

4. 学习成果的获得

在课程实施过程中研学导师要指导学生获取和筛选外显的学习成果，以备课程结束后学校组织成果评比和成果展示时使用。要通过教学活动引导学生形成内化的学习成果，提高学生的综合素养。

（1）外显的成果

在研学旅行过程中收获的外显的成果形式很多，主要有以下几种。

文本成果：包括研究性学习报告、随笔、散文、游记以及完成的模块作业等。在课程实施的过程中，教师可以指导学生积累完成文本成果所需要的素材。文本成果有的可以在课程实施过程中完成，如随笔、散文等；有的需要在课程结束后回到学校完成，如研究报告。

影像成果：包括在研学旅行过程中拍摄的照片、视频等资料。研学导师可以协助选择经典风景、标志性人文信息，指导学生拍摄照片和视频资料。

制作成果：包括在研学旅行过程中参加手工活动制作的手工艺品、在研学旅行过程中采集的标本、购买及收集的有代表性的纪念品等。研学导师可以给学生提供采集和购买建议，并给予成果筛选和成果保存的相关指导。

（2）内化的成果

研学旅行课程更为重要的价值在于学生在研学旅行过程中达成的内化的成果，主要包括以下几个方面：

知识成果：学生在研学旅行中通过听讲、识记、观察、探究等自主学习活动，拓展了知识边界，丰富了知识内涵，优化了知识结构。

能力成果：学生在观察、探究、分析、应用等研究过程中所形成的分析问题、解决问题的能力，思考问题的逻辑思维能力，科学研究的基本素养等。

态度成果：学生在研学旅行过程中，在真实的情境中，经过体验感受所获得的态度、倾向和价值观的变化。

行为成果：文明行为的改善和提升、文明习惯的养成和自觉。

内化的成果可以在教学过程中通过指导学生参与体验逐步达成，教师可以通过学生参与活动过程中的行为表现检验学习成果的达成情况，并为学生评价提供信息。

第四节 课程实施中的安全保障

一、安全预防

安全预防包括学生个人的安全预防和团队集体的安全预防。学生个人的安全预防主要表现为安全注意事项，团队集体的安全预防主要表现为安全防范措施。

1. 安全注意事项

安全注意事项是提供给学生的，行为的主体是学生，是在课程实施中学生自己应承担的安全责任，但承办方必须将注意事项告知学生，并及时对学生进行提醒。

安全注意事项的指向必须具体、有针对性。每一条注意事项都必须针对具体的学习环境、具体的学习条件和具体的设施。

安全注意事项的拟定标准为：只要学生按照注意提示约束和规范自己的行为，就可以避免注意指向的危险。

2. 安全防范措施

安全防范措施是活动承办方应该采取的措施，制订和采取措施的行为主体是承办方。这些措施必须能够起到规避和防范事故发生的作用。安全防范措施必须由承办方预先制订，由研学导师团队具体操作实施。

安全防范措施一般包括：

（1）基于标准和协议的安全预检。比如对供应方所提供的车辆、酒店、餐饮按照行业标准和协议要求进行事前的安全检查，确保供应方提供的产品和服务达到规定标准，避免一切安全隐患。

（2）基于安全标准的线路规划和资源选择。在线路规划时要避开具有危险的路线和处所，比如雨季易发生泥石流的道路和景点。

（3）基于安全规范的防护措施。在参观车间、工地、工业遗址等处所时，要按照安全规范组织学生穿戴防护服和安全帽，在水上活动时要指导学生按照规定穿上救生衣，提醒学生在车辆行驶过程中和飞机起降过程中系好安全带。

（4）基于安全保障的操作流程。在进行生产流程的体验学习时必须监督学生按照工艺操作流程实施操作，在拓展训练活动时必须提醒和指导学生按照训练设施的使用规则和教练指导的活动规程进行活动。

（5）基于自然条件的活动安排。比如在干热环境中的防晒措施，在湿热环境中的防暑措施，在危险路段的团队组织等等，都属于安全防范措施。

（6）基于社会规则和民风民俗的预防措施。比如出国出境或到民族地区研学旅行时，应针对当地特殊的社会规则和民风民俗对学生进行教育，在活动过程中约束学生的言行，不能冒犯当地的风俗习惯，在与当地人交往时要尊重当地人的生活习惯和宗教信仰。

二、应急处置

应急处置是指出现安全事故或紧急情况时，为将损失降低到最小而采取的必要措施。

项目组长以及整个研学导师团队要熟练掌握预案的应急响应条件，在符合条件的情况下迅速果断地启动应急预案，按照预案所规定的流程执行预案，避免延误时机，扩大损失。

应急预案启动的决定应由项目组长视情况做出。

应急预案可以单独做成应急手册，项目组长随身携带，处置紧急情况时参照执行。

三、安全制度的落实

安全是开展研学旅行活动的前提，没有安全就没有一切。研学导师团队，特别是项目组长和学校领队，担负着保障团队安全的重要责任，必须对安全注意事项、安全防范措施和安全应急预案做到非常熟练。能够对各类安全风险有预见能力。

安全工作重在防范。在课程实施过程中基于安全注意事项的学生组织管理是安全预防工作的基本组织措施，在课程实施过程中研学导师要做到提示及时，防范到位。

安全预防措施重在执行。必须针对各种情况逐项落实预防措施的相关要求，这是预防群体性风险的根本措施。

思考题

1. 简述研学旅行一日常规的工作内容。

2. 项目组长是研学旅行导师团队的核心，其工作能力将决定研学旅行课程的实施效果。如果你是一名项目组长，在课程实施过程中，你应该如何履行自己的职责？

3. 研学旅行的学校领队，是代表学校监督研学旅行课程实施的校方代表。如果你是学校领队，应该如何履行自己的职责？

4. 《研学旅行服务规范》确定了哪几种研学旅行课程资源类型？分别举例说明。

5. 根据群体结构的不同，研学旅行的学习组织形式分为哪几种？分别有什么特点？

6. 根据学习内容和活动方式，研学旅行的学习组织形式一般可以分为哪几种？简述每一种形式的特点。

7. 研学导师在授课时应该注意哪些教学规范？在课程实施过程中应指导学生掌握哪些学习规范？

8. 如何对研学旅行学习成果进行分类？简述每一种成果类型所包括的具体成果。

9. 安全防范措施一般包括哪些基本内容？

第一节　对学生的评价

一、学习评价与学习成果的对应关系

教学评价就是对课程目标的达成程度进行分析评估，而课程目标是预期的学习结果。对学生的学习评价应基于学生学习的成果，从过程性评价和成果性评价两个方面进行。

研学旅行课程的教学与学习成果包括外显成果和内化成果两个方面。外显成果包括文本成果、影像成果和制作成果。内化成果包括知识成果、能力成果、态度成果和行为成果。

过程性评价是指依据除知识成果以外的内化成果所表现的外显行为进行的评价。过程性评价侧重于对学生在学习过程中的行为表现进行评价。

成果性评价是指依据外显学习成果和内化成果中的知识成果所进行的

评价。内化成果中的知识成果可以在外显成果中表现出来。成果性评价侧重于对学生通过学习所获得的物化的成果进行评价。

学习评价和学习成果的对应关系如下图所示：

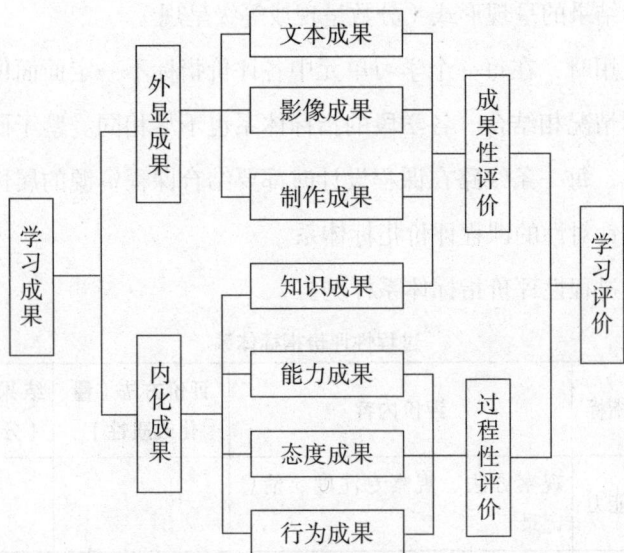

二、对学生学习结果评价的具体操作

对学生的评价可以按照如下步骤进行操作。

1. 评价指标的确定

课程评价指标应依据外显成果和内化成果分类进行。依据成果类型可以制定一级和二级评价指标体系。

过程性评价的一级评价指标即内化成果除知识成果以外的三种类型，三个一级指标。二级评价指标可以在对该成果类型进一步分解的基础上制订可清晰界定、易操作的评价指标。

成果性评价的一级评价指标即外显成果和内化成果中的知识成果，知识成果可以在对过程性学习任务和课后作业的评价中体现，共五个类型，五个一级指标。二级指标可以依据对成果评价的不同维度设置。

对二级评价指标作进一步的解析，明确能够体现二级指标所对应的具体行为表现，作为评价的内容。

2. 结合研学旅行课程各单元的具体目标，明确二级评价指标在各单元具体教学情境中的体现，确定相应指标的评价方法（量化评价或质性评价）和评价结果的呈现形式（分数呈现或等级呈现）。

具体应用时，在每一个学习单元中各评价指标不一定面面俱到，要与实际的教学情况相结合。各学段的指标体系也不尽相同。鉴于研学旅行课程的特殊性，每一条线路在课程设计时都要结合课程资源的属性和学生的情况制订有针对性的课程评价指标体系。

下表为过程性评价指标体系样例。

过程性评价指标体系

一级指标	二级指标	评价内容	评价方法（量化或质性）	结果呈现方式（分数或等级）
能力成果	观察能力	观察方法、观察专注度、信息记录		
	倾听能力	认真倾听研学导师和景点讲解员的讲解，注意倾听环境，不影响他人，会记录信息		
	表达能力	善于提问、积极回答问题，语言流畅、逻辑清晰		
	合作能力	小组合作表现、师生合作表现、宿舍合作表现		
	动手能力	动手意识、遵守规程、创新表现		
	探究能力	发现问题、分析问题、解决问题的表现		
	欣赏能力	对自然、文化的欣赏能力		

（续表）

一级指标	二级指标	评价内容	评价方法（量化或质性）	结果呈现方式（分数或等级）
态度成果	是非观	对事物有正确的认识		
	自然观	热爱自然的态度表现		
	价值观	对文化、事物的价值认同		
	社会责任	同情心、责任感		
行为成果	时间观念	遵守时间要求，不迟到		
	秩序意识	排队参观，保持安静，遵守规则		
	礼仪规范	与同学、老师及其他相关人员礼貌相处，举止得体		
	环保表现	保护环境，不乱扔垃圾		
	语言文明	不大声喧哗，语言文明，不说脏话		

下表为成果性评价指标体系样例。

成果性评价指标体系

一级指标		二级指标	评价内容	评价方法（量化或质性）	结果呈现方式（分数或等级）
知识成果	过程性学习任务	信息记录	听讲笔记、观察记录、探究数据		
		体验感悟	学习过程中的体验和即时感悟记录		
		反思应用	对学习内容的反思和启示		

（续表）

一级指标	二级指标	评价内容	评价方法（量化或质性）	结果呈现方式（分数或等级）
知识成果（课后作业）	规范性	书写、语言表达的规范程度		
	科学性	知识运用的准确性和问题分析的逻辑性		
	创新性	观点和见解的独特性和创新性		
	完整性	问题解析的系统性和完整性		
文本成果	规范性	书写、语言表达的规范程度		
	科学性	知识运用的准确性和问题分析的逻辑性		
	创新性	观点和见解的独特性和创新性		
	完整性	问题解析的系统性和完整性		
影像成果	思想性	影像成果的主题内涵所表达的思想价值		
	艺术性	成果所体现的影像艺术与技术价值		
	创新性	成果在艺术、技术和思想价值方面所表现的独特性和创新性		
制作成果	思想性	制作成果的主题内涵所表达的思想价值		
	艺术性	成果所体现的艺术价值		
	技术性	成果所表现的制作技术与工艺、技法水平		
	创新性	成果在艺术、技术和思想价值方面所表现的独特性和创新性		

3. 根据课程评价指标体系和确定的评价方法及评价结果呈现方式，设计量化评价和质性评价量表。

量化评价以分数呈现评价结果。评价分数的产生有两种操作方式：一种操作是扣分制，设定某一指标评价的满分值，出现评价内容中的负面行为相应扣减分值，扣减后剩余分数为该项评价指标的评价结果；另一种操作是加分制，当出现评价内容中的鼓励性行为时，加上相应分数，最后的累计值为该项评价指标的评价结果。这一类评价结果可以设定上限最高分值，也可以不设。

下表为量化评价量表示例。

量化评价量表

评价指标	时间观念（10分）	环保意识（10分）	就餐秩序（15分）	学习秩序（15分）	参观秩序（30分）	合作能力（10分）	奖励得分（10分）
评价内容	按时集合，有事提前向带队老师请假	随手带走自己的垃圾，不破坏环境卫生	在餐桌上安静就餐，不说话打闹，不浪费粮食	在课程实施过程中不玩电子游戏或做其他与游学无关的事	安静有序，听从带队老师的安排和指挥，不脱离团队，不擅自行动	在整个活动中能够关心同学，在团队中和同学友好相处	1. 组长，加2分 2.研学导师、带队教师认定的好人好事经导师团队议定后酌情加分
评价标准	未经批准集合时迟到，擅自离队，每次扣2分	乱扔垃圾，破坏环境卫生，一次扣2分	就餐时嬉戏打闹，一次扣2分；浪费粮食一次扣3分；嬉戏打闹一次扣2分	研学过程中长时间玩电子游戏，酌情扣1～3分；嬉戏打闹一次扣2分	不服从研学导师安排擅自行动，一次扣2～5分	活动过程中发表不利于团队和谐的言论，一经查实，每次扣2分；与同学发生口角一次扣2～5分	

（续表）

评价指标	时间观念 （10分）	环保意识 （10分）	就餐秩序 （15分）	学习秩序 （15分）	参观秩序 （30分）	合作能力 （10分）	奖励得分 （10分）
计分依据							
得分							
合计得分			研学导师签字			学生签字	

质性评价通常以等级呈现评价结果，一般可以设置优秀、良好、合格、不合格四个等级。量表也可以采用李克特量表的设计形式。

下表为质性评价量表示例。

过程性评价质性评价量表

评价类别	评价等级		单元课程自我评定				
			第1天	第2天	第3天	第4天	第5天
考勤情况	A. 从未迟到 C. 两次集合迟到	B. 一次集合迟到 D. 经常集合迟到					
乘坐交通工具纪律	A. 遵守纪律 C. 经常不听指挥	B. 偶尔不听指挥 D. 影响整个团队进程					
研学课堂纪律	A. 遵守纪律 C. 经常不听指挥	B. 偶尔不听指挥 D. 影响整个团队进程					
听讲情况	A. 能积极主动听讲 C. 听讲不积极	B. 需提醒后完成 D. 基本不参与					
发言讨论	A. 能积极主动发言 C. 被动发言	B. 偶尔主动发言 D. 不配合发言					
就餐礼仪	A. 排队打饭，不挑食 C. 经常插队打饭，挑食	B. 插队打饭 D. 只吃零食					
团队合作	A. 互帮互助 C. 不乐意沟通	B. 与同学沟通不多 D. 以自我为中心					

（续表）

评价类别	评价等级	单元课程自我评定				
		第1天	第2天	第3天	第4天	第5天
礼貌修养	A. 尊重他人　　　　B. 个人行为举止需提高 C. 漠视他人，不礼貌 D. 说脏话，不尊重他人					
环保	A. 主动捡拾垃圾　B. 不丢垃圾 C. 乱丢垃圾　　　　D. 丢垃圾，提醒后不捡拾					
研学记录思考	A. 主动且认真记录　B. 需提醒后记录 C. 书写潦草　　　　D. 不认真记录					
作业完成	A. 内容丰富，认真书写 B. 感悟不深，书写认真 C. 内容简单，书写一般 D. 内容不完整，书写潦草					
教师总评等级	A. 优秀　B. 良好　C. 合格　D. 不合格			签字		

成果性评价质性评价量表

一级指标	二级指标	评价内容	评价结果			
			优秀	良好	合格	不合格
过程性学习任务	信息记录	听讲笔记、观察记录、探究数据				
	体验感悟	学习过程中的体验和即时感悟记录				
	反思应用	对学习内容的反思和启示				
课后作业	规范性	书写、语言表达的规范程度				
	科学性	知识运用的准确性和问题分析的逻辑性				
	创新性	观点和见解的独特性和创新性				
	完整性	问题解析的系统性和完整性				

（续表）

一级指标	二级指标	评价内容	评价结果			
文本成果	规范性	书写、语言表达的规范程度				
	科学性	知识运用的准确性和问题分析的逻辑性				
	创新性	观点和见解的独特性和创新性				
	完整性	问题解析的系统性和完整性				
影像成果	思想性	影像成果的主题内涵所表达的思想价值				
	艺术性	成果所体现的影像艺术与技术价值				
	创新性	成果在艺术、技术和思想价值方面所表现的独特性和创新性				
制作成果	思想性	制作成果的主题内涵所表达的思想价值				
	艺术性	成果所体现的艺术价值				
	技术性	成果所表现的制作技术与工艺、技法水平				
	创新性	成果在艺术、技术和思想价值方面所表现的独特性和创新性				
总体评价结果						

4.为评价提供证据信息的记录用表包括两部分。一部分是在研学手册中的过程性学习任务中，需要学生填写的学习记录用表，内容包括信息记录、体验感悟、反思应用，学生作为学习任务完成表格填写，教师可以据此完成该项的成果性评价；另一部分为教师进行其他项目的评价用表，包括对学生进行量化评价时作为加、减分依据的行为表现记录用表和其他信息记录用表。样例如下表：

学生评价信息记录用表

学生姓名	班级	日期时间	计分行为	计分建议

5. 综合评价量表所记录的证据信息，得出评价结果。

三、评价注意事项

1. 评价方案和评价量表应该在编制研学手册时完成。在课程实施阶段，研学导师要按照预先制订的评价方案进行过程性评价和成果性评价。

2. 在课程实施过程中要注意及时采集评价依据的信息。

3. 评价不能代替教育，对于学生的学习表现要及时进行教育反馈。对于学生的良好表现及时予以表扬和鼓励，对于出现的问题及时进行指导和教育。

4. 评价是一种教育导向，可以让学生知道学习应该达成的目标，以便能够明确学习任务，更好地达成预期的学习结果。

四、评价结果的使用

1. 对学生的评价结果作为评选优秀学员的依据。

2. 评价结果作为研学旅行成果展评活动的参考依据。

3. 对高中学生的评价结果作为学分认定的依据。

第二节　对课程的评价

对课程规划、设计、实施过程及实施效果的评价，是研学导师团队需要完成的另一项重要任务。

在课程实施过程中，对课程的评价，是基于课程实施实际效果的评价，不同于招标过程中对课程方案设计合理性和规范性的评价。主办方对课程评价的结果是协议终止的重要参考条件。

对课程的评价应该从以下几个方面进行：

一、对线路规划的评价

1. 线路学习资源的典型性

通过课程实施，判断线路所选的景点是否具有区域的典型性。在进行评价时要观察课程资源在所在区域、所属类型中的代表性和影响力，根据课程实施的实际效果，从经济价值、社会价值和学术价值等多方面作出评价。要考察各学习资源的主题相关性。各学习资源与课程主题的相关性在实际教学过程中是否得到了体现，课程线路学习资源是否能够满足学生多样化学习体验的需求。

2.线路规划的安全性

安全是研学旅行课程实施的首要条件。在课程实施过程中对课程安全性的评价要依据课程实施中已经发生的安全事件来进行。

安全性评价主要包括以下内容：

（1）课程实施过程中是否发生了安全性事件、事件的严重程度以及发生的原因。

（2）课程方案中制订的安全注意事项与课程实施的实际环境和条件是否相符，是否具有针对性，安全注意事项是否能起到防止安全事故的作用。

（3）安全预防措施是否有效，在课程实施的过程中对于集体安全保障是否发挥了作用。

（4）应急预案在应对突发事件时是否发挥了良好的作用，预案的设计流程是否合理。

3.线路时间分配的合理性

观察并记录参观学习时间和路上时间的分配与衔接，根据课程实施过程中的实际效果对时间安排的合理性作出评价。

4.线路体能分配的科学性

观察学生的学习表现，根据学生的体能消耗情况，分析线路设计是否符合学生的生理承受能力，线路体能分配是否合理。

5.线路交通工具的合理性与安全性

根据实际体验和学生反馈，对线路交通工具的舒适性和安全性作出评价，确定交通工具的选择是否合理。

6.食宿安排的特色、舒适、经济与安全性

通过亲身体验、安全巡查和学生反映，对食宿安排的情况作出评价。

二、对课程设计的评价

在课程实施过程中对课程的评价主要是对课程设计要素实施效果的评

价。要在课程实施中根据课程实施效果对课程目标、课程内容、课程实施及课程评价方案作出评价。

1. 对课程目标的评价

对照课程设计的教学目标，观察其是否在课程实施过程中得到了落实。分析课程目标的达成度如何，总结没有有效达成的课程目标有哪些。对于课程目标未有效达成的原因，是目标设置不够合理还是课程实施的水平不够有效，要作出基本的分析判断。

2. 对课程内容的评价

根据课程实施效果，对课程内容作出评价。分析判断课程内容是否体现了教育性、适切性和多元性。还要对照课程方案，确定课程在实际实施过程中是否完成了全部内容的学习。

3. 对课程实施的评价

全面观察课程实施情况，对课程实施的安全性、规范性、科学性和有效性作出评价。

对课程实施安全性的评价，主要是评价安全防范措施、安全注意事项和安全应急预案在课程实施过程中对各类相关事件的实际应对情况，分析相关措施是否发挥了应有的作用。

课程实施的规范性评价应重点对在课程实施过程中研学导师对课程的理解和组织教学的情况进行评价：研学导师是否履行了自己的教育引导和组织管理的职责，特别是在引导学生加深对课程的理解、开展相关课题研究方面是否发挥了应有的作用。

课程实施的科学性评价重点在于线路规划中的有关要求在实际实施中是否符合实际情况，是否存在可以优化的空间。

对课程实施的有效性评价，一方面应该基于课程实施所取得的成果进行，另一方面也可以通过问卷调查的方式对学生进行直观感受的评价。

4.对课程评价方案的评价

根据课程评价方案的使用效果，对课程评价方案从以下几个方面作出评价：

（1）评价内容的系统性。课程评价各项指标的内容和评价标准、评价方法、评价结果呈现方式是否明确，在实际操作过程中这些评价要素是否相互匹配、具体明确。

（2）评价量表的科学性。评价量表中评价指标对应的评价标准或评价内容的界定是否明确具体、可操作。

（3）评价方法的适当性。量化和质性评价的选择是否适当。

三、评价结果的使用

1.学校对评价结果的使用

（1）评价结果可以为下一期课程招标提供参考依据。

（2）评价结果可以作为与承办方协议终止的参考条件。

（3）将评价结果提供给承办方，承办方据此进行课程修订。

2.承办方对评价结果的使用

（1）承办方依据课程评价对该课程进行修订。

（2）积累课程设计与实施经验，为改进工作提供依据。

（3）如果课程是由承办方委托第三方设计的，承办方对课程的评价也是对第三方课程设计水平和质量的检验，如果双方的委托协议中有关于课程设计质量的合同条款，评价结果也是履行合同约定条款的依据。

第三节　对承办方工作的评价

对承办方工作的评价是主办方对课程实施过程和实施结果评价的重要组成部分。

一、对承办方工作评价的主要内容

1.承办方履行合同义务的情况

对承办方的工作进行评价首先要对承办方履行合同义务的情况作出评价。这些合同义务主要有：

（1）教学计划的执行情况。研学旅行过程是不是按照协议规定的学习计划完成了所有学习单元的参观学习；如果有学习单元内容方面的调整，是不是属于不可控因素，调整之前是否征得了主办方领队的同意。

（2）交通工具的使用情况。交通工具是否符合协议规定的标准，是否更换了交通工具，所选交通工具是否安全可靠。

（3）食宿标准执行情况。

（4）研学旅行工作团队结构是否符合协议规定。团队是否按照协议要求配备了队医，是否按照要求配备了安全员，研学导师的数量和工作水平是否符合要求。

2.承办方课程实施能力的情况

承办方的课程实施能力是课程实施效果的决定性因素之一。主办方可以从以下几个方面对承办方的课程实施能力作出评价：

（1）研学导师对课程内容的理解和熟悉程度。

（2）研学导师对研学旅行课程知识背景及相关知识掌握的程度。

（3）研学导师对学生学习过程的指导能力。

（4）研学导师对课程教育意义的理解程度。

（5）研学导师对课程实施过程的组织能力。

3. 承办方管理服务的情况

承办方的管理服务工作包括对学生的管理与服务、与学校带队老师的协调与配合、对研学旅行供应方的协调与督导。对承办方管理服务情况的评价可以从以下三个方面进行。

（1）对学生的管理与服务。承办方首先应履行对学生进行管理的职责，对学生在学习过程中的时间观念、纪律表现、行为表现有教育、约束和引导的义务。同时，承办方也必须为学生提供应有的服务，包括对学生出现的各种意外情况及时处理，比如证件遗失的处理、意外伤害和突发疾病的救治等。

（2）与学校带队教师的协调与配合。在课程实施过程中，学校带队教师有代表学校监督协议执行的责任，承办方的团队组长应及时就学生管理问题、线路计划的变更情况、课程实施的落实情况及时与学校带队教师进行交流，对学校带队教师提出的关切及时落实。

（3）承办方对供应方的协调与调度。供应方包括学习景点地接方、交通工具提供方、住宿酒店、餐饮提供方等。承办方对相关供应方调度与协调的情况体现出承办方的工作经验和工作能力。

4. 对课程的评价结果也应作为对承办方评价结果的组成部分。如果承办方提供的课程不能满足合格课程的要求，承办方的工作在最重要的评价指标上也就是不合格的。

二、对承办方评价结果的应用

对承办方的评价结果，一方面将作为判断双方签订的合同是否很好地得到了履行的依据，另一方面将决定承办方以后是否有机会参与学校的研学旅行课程竞标。

1. 如果评价结果为承办方完成了合同约定，则主办方应履行合同最终义务，退还承办方的合同保证金，合同终止。如果评价结果为承办方有违约行为，则应按照合同的违约条款执行。如果双方对违约认定有异议，则应申请仲裁或走法律程序解决。

2. 主办方可以建立评价结果使用机制。

（1）建立黑名单制。对于课程实施过程落实情况较差、学生意见较大、评价结果不合格的承办方，应列入黑名单，可以在一定时间内取消或限制其参与主办方举办的研学旅行竞标活动的资格。

（2）建立白名单制。对课程实施过程中学生满意度高、工作评价优秀的承办方，可以列入白名单，在学校以后的研学旅行课程竞标中给予优先权。

（3）建立长期合作机制。对连续几次课程实施学生满意度高、工作评价优秀的承办方，学校可以建立长期合作机制，双方实行战略合作，共同组建课程研发和工作团队，发挥双方人力和资源优势，合作打造精品课程。

思考题

1. 什么是研学旅行的过程性评价和成果性评价？研学旅行的评价方式和学习成果类型有什么对应关系？

2. 简述对学生学习结果进行评价的具体操作步骤。

3. 如何制订研学旅行学生学习评价的指标体系？

4. 请将本章第一节所提供的量化评价量表示例改造成质性评价量表。

5. 请将本章第一节所提供的质性评价量表示例改造成量化评价量表。

6. 简述应该从哪些方面对课程进行评价，以及应该如何评价。

7. 如何对课程设计要素进行评价？

8. 对课程评价的结果如何使用？

9. 对承办方的工作应从哪些方面进行评价？如何评价？评价结果如何使用？

第一节　学校的行后课程

研学旅行行程结束后，学校要及时实施行后课程，使研学成果得到巩固和提升。行后课程主要包括成果加工、成果汇报、成果展示与评比、成果评价与认定。

一、行后课程的组织与实施

学校主管部门应及时制订行后课程的相关方案。行后课程方案主要包括课程成果汇报交流、成果展示评比与表彰、评价结果的认定与使用等内容。行后课程的组织与实施工作流程如下：

1. 成立行后课程工作指导小组。

指导小组成员应包括研学旅行工作分管领导、研学旅行工作责任部门负责人、年级主任等。一般由学校分管领导任指导小组组长。

组建相应的工作小组，如成果汇报交流工作小组、成果展示评比小组、成果评价与认定工作小组等。

2. 研制行后课程实施方案，确定行后课程的主要内容、实施形式、实施平台与组织方法。

3. 各工作小组研制工作细则。

4. 分别召开研学导师工作会、班主任会和学生会，发布行后课程工作方案，布置相关的准备工作。

5. 研学导师指导学生完成各类研学成果，并做好汇报交流及展示评比准备。

6. 完成方案涉及的展示平台和必备用品的准备工作。

7. 研学导师对成果材料进行指导和审查，提交成果材料。

8. 需要汇报的成果在班内汇报交流，并推选出代表班级的优秀成果，向学校提交材料。不需要交流汇报的成果按照方案规定先在班内展示或直接提交学校展示与评比工作小组。

9. 各工作小组对各班提交的成果作品进行分类整理并编序建档，制作供展评工作使用的分组目录和评价用表。

10. 展示类成果布展。包括在展厅或其他区域的实物展示，以及网络平台的成果展示。

11. 汇报交流类成果举办汇报会，评委进行评审，给出评审结果。展示类成果评比可以由评委评审和观众投票相结合的方式给出评审结果。

12. 根据成果评价结果和学生在研学旅行过程中的过程性评价结果，评出研学旅行优秀学生。

13. 对获奖成果和研学旅行优秀学生进行表彰。

14. 年级组织班主任和研学导师进行研学成果认定，填写学生综合素质评价报告。

15. 教务部门进行学分认定。

二、研学旅行学习成果的加工

研学旅行学习成果的加工主要是指外显学习成果的加工。一般要求学生在研学旅行活动结束后的一周内完成，时间不宜拖得太久。

1. 文本类成果要完成文本撰写

（1）成果主件

高中学段：研学导师指导学生按时完成研学旅行课题研究报告。课题研究报告是研学旅行学习成果的主件，是每个同学必须完成的任务。研学导师要从报告的规范性、科学性、创新性、逻辑性等方面指导学生撰写研究报告。

研究报告的规范性是指研究报告的结构规范，内容表达符合课题研究报告的一般范式，报告内容完整。研究报告的科学性是指数据信息等论据材料准确，论证严密，结论和依据具有可靠的相关性和因果关系；研究方法的选择适当，应用规范。研究报告的创新性是指课题选题新颖，研究成果或结论具有创新性。研究报告的逻辑性是指课题研究计划条理，过程严密，思路清晰，语言表达准确流畅。

以上对于研究性学习报告的指导要求也是对报告进行评价的主要指标。

初中学段：学生可以以研究报告作为成果主件，但要求相应降低，也可以以研学旅行活动总结作为成果主件。

小学学段：学生可以以与研学旅行活动相关的作文作为成果主件。

为了配合成果主件的汇报交流，还应做出与成果主件配套的PPT课件。

（2）其他文本类成果，如随笔、散文、游记等也鼓励学生参与撰写，并在成果展示时设置相应的展示类别。研学导师应对学生的成果和作品的修改与完善进行指导。

2. 影像类成果后期的编辑加工

研学导师要指导学生把研学旅行过程中拍摄的照片、视频等资料进行编辑和加工，选出有代表性的照片，编辑具有典型性的视频资料，准备交流展示。

3. 制作类成果要完成标签说明

研学导师指导学生对在研学旅行过程中制作的手工艺品、采集的标本、购买及收集的有代表性的纪念品等进行筛选，选出有代表性的成果，做出文字说明，制成标签，准备展示交流。

三、成果汇报交流

成果汇报分两类，一是课题研究成果汇报交流，二是其他学习成果汇报交流。初中和小学可以不举行课题研究成果汇报，只举办学习成果汇报交流即可。

1. 课题研究成果汇报

首先，学生应在完成课题研究报告后交给研学指导老师进行批改，根据老师所提出的修改意见进行修改；然后，以小组为单位进行课题成果交流，经小组评议，推选出能够代表小组的研究报告；在此基础上，班级举办优秀课题成果交流汇报会。这样既可以节约时间，提高效率，也能够让学生参与到课题评价当中，达到相互交流、相互学习的目的。

在完成课题研究成果交流的基础上，各班推选出优秀成果参加学校的成果展示，学校也可以遴选优秀成果结集成册，印制或出版《学生研学旅行优秀课题成果集》。

2. 其他学习成果汇报交流

其他学习成果是指除课题研究报告以外的其他所有学习成果。学生可以交流汇报在研学旅行中自己认为有意义的所有学习收获，既包括各类文本成果、影像成果、制作成果等外显学习成果，也包括对研学途中自己所见所得的反思与感悟，以及个人思想与能力的提高等内化学习成果。班内也可以结合学校的成果展示方案，利用教室的墙壁或建立网上学习交流平台，对成果进行分类展示，并进行优秀成果分类推选，为参加学校的展示做准备。

四、学校的成果展示

学校可以按照不同的成果类型，分类设立展示项目。在各班交流推选的基础上，举办研学旅行课程成果展。展示方式可以灵活多样，既可以使用展厅、展台、展板等传统展示方式，也可以拓宽展示渠道，通过微信、美篇、微博空间、视频网站等新媒体平台，让学生参与评价，这既能够发扬民主，也能够让学生在评选和评价的过程中进一步相互学习。通过对学生的各类学习成果进行展示和评比，让成果和经验共享，起到对学生的启发和激励作用。

五、学习成果的评价与认定

在各类评比展示结束后，结合评比展示的结果，指导教师对学生研学旅行取得的学习成果给出评价。高中学校根据有关规定把学生的学习成果记入学生发展素质评价报告，并予以学分认定。初中和小学根据学校的相关规定，对学生的学习结果进行成绩认定与表彰。

第二节　承办方的行后总结

研学旅行课程结束后，承办方也要对课程承接与实施的全过程进行工作总结，提炼工作经验，反思工作失误，以促进以后工作的改进和提高。

一、招投标工作总结

1. 对比分析中标的课程方案和落标的课程方案，分析课程方案的差异，研究优秀课程方案的特点。

2. 研究开标时公布的各投标方的投标信息，探索制订合理的投标报价核算方案，总结容易中标且能保证合理利润空间的报价规律。

3. 分析学校在评标时所看重的主要招标要求，并总结如何制订符合主要招标要求的投标方案。

4. 总结在评标过程中答辩和应询的相关经验和教训。

5. 总结投标文件的制作规范。

二、课程设计总结

1. 针对课程实施过程中发现的问题，结合主办方的课程评价结果，对课程设计方案进行课后分析，找出课程设计的优点和不足，对课程设计方案或研学手册进行修订。

2. 对照课程设计要素的基本要求，从课程目标、课程内容、课程实施、课程评价以及课程保障方案等方面全面分析，对课程进行修订。

3. 对照课程开发的一般流程，分析每一个研发环节工作的落实情况，查找疏漏，弥补缺失，对课程进行修订。

4. 总结经验，制订或修订课程开发的相关制度规范。

5. 如果是委托第三方做的课程开发，应依据以上几个方面的分析，对第三方的课程设计情况给出评价，以确定以后是否继续保持合作关系。

三、课程实施总结

1. 课程准备情况总结

（1）线路勘察总结。针对课程实施过程中所发现的问题，对线路勘察时的疏漏进行总结。主要对照线路勘察的基本内容（见本书第三章第二节），确认出现的问题与线路勘察的哪一个环节相对应，以便在今后进行线路勘察时引起注意，避免失误。

（2）结合与各供应方在合作中出现的问题，总结在与供应方洽谈业务时应该注意的问题，总结哪些要求必须在与供应方的协议中明确体现。

（3）总结与主办方的行前沟通协调机制哪些地方可以进一步优化。

（4）结合主办方的反馈信息，对为主办方提供的行前课程资料和专题讲座进行优化和完善。

2. 课程实施情况总结

（1）课程计划的执行情况。课程项目组应该对课程计划执行过程中遇到的问题和困难进行总结，要分析执行中问题出现的原因，确定是课程计划制订得不够合理还是课程实施水平需要进一步提高，或者是由于客观条件发生变化导致了问题的产生，从而有针对性地对课程计划进行修订或者在研学导师培训时强化相关的培训内容。

（2）研学团队成员履行教学与学生管理职责的情况。项目组各成员都要对自己的工作做出总结，分析在课程实施过程中各自的成功经验和存在的不足，以改进自己的工作，并为同事提供借鉴。

（3）对安全注意事项、安全保障措施和应急预案的实施情况进行总结，结合实际实施情况对各条款的针对性和可操作性进行检视和修正。

（4）对各单元的教学组织方法进行总结，结合实际实施效果对学生的学习方式和活动方式进行完善或创新。

（5）结合教学评价情况，对课程评价体系进行优化和调整，使评价指标体系更加科学合理；对评价量表进一步修订，使之更具有可操作性。

四、对供应方的评价

课程结束后项目组要对各供应方的工作情况进行评价。评价结果一方面可以作为终止合作协议的参考条件，另一方面可以作为后期是否继续进行合作的决策依据。

1. 对地接工作情况的评价

（1）根据地接旅行社对线路上各种资源的调度情况，对其资源调度能力作出评价。

（2）根据地接研学辅导员（地接导游）的工作情况，从对旅游资源的掌握情况、对研学旅行课程教学规范的理解和运用程度、对学生的组织管理能力、对突发性事件的处置能力等方面对其作出评价。

2. 对景点、场馆及营地的评价

（1）对景点、场馆和营地资源的旅游和教育价值进行评价。

（2）对景点、场馆和营地的安全管理作出评价。

（3）对景点，场馆和营地的讲解员、教练员的业务素质作出评价。

3. 对酒店、饭店的评价

（1）对酒店、饭店的卫生安全状况作出评价。

（2）对就餐与住宿环境进行评价，实际情况是否符合预订标准。

（3）学生及教师对食宿情况的反馈信息是否符合预期。

4. 对交通情况的评价

（1）根据课程实施效果分析交通工具的选择是否合理。

（2）对交通工具的安全性和舒适性作出评价。

（3）对交通工具司乘人员的工作情况作出评价。

5. 保险公司

如果在课程实施过程中发生了保险合同范围内的险情，应该对保险公司在风险理赔过程中的表现作出评价。

思考题

1. 简述学校行后课程组织与实施的工作流程。

2. 研学旅行结束后学生要对学习成果进行加工。对不同类型的学习成果应如何加工?

3. 某高中学校研学旅行课程结束后要进行成果展示与评比,请为该学校制订一份研学旅行成果展示与评比方案。

4. 承办方在研学旅行课程结束后应从哪些方面对工作进行全面总结?

附录

1. 研学旅行招标公告案例

山东省济南第一中学2018年高一年级
学生研学旅行项目招标公告

为贯彻落实教育部等11部门《关于推进中小学生研学旅行的意见》和《山东省推进中小学生研学旅行工作实施方案》以及济南市教育局《关于开展中小学生研学旅行工作》等相关文件精神，推动中学生社会实践活动的开展，让学生能在旅行的过程中陶冶情操、增长见识、体验不同的自然和人文环境、提高学习兴趣，全面提升学生综合素质，经学校行政办公会研究，决定在高一年级开展研学旅行活动。为规范学校的相关工作，本着公开、公平、公正的市场竞争原则，现对我校研学旅行活动进行公开邀标，邀请符合下列条件的研学旅行公司或旅行社参加投标。

一、招标要求及内容

（一）研学线路

线路1：山东省内四日研学之旅（需包含泰山、曲阜等）

线路2：北京五日研学之旅（需包含北大、清华等至少三所名校，以及故宫、长城等名胜古迹）

线路3：南京五日研学之旅（需包含南京大学或南京航空航天大学等名校一所、中山陵、南京大屠杀遇难同胞纪念馆、雨花台等）

线路4：西安五日研学之旅（需包含西安交大等名校一所、兵马俑、大雁塔、西安博物院等）

线路5：四川五日研学之旅（需包含四川大学等名校一所、四川博物院、大熊猫基地、都江堰、汶川地震纪念馆、杜甫草堂、宽窄巷子等）

线路6：丝绸之路五日研学之旅（需包含甘肃省博物馆、莫高窟、鸣沙山、月牙泉、嘉峪关、酒泉卫星发射中心、丹霞地质公园等）

线路7：欧洲十四日研学之旅（需含法国）

线路8：美国十四日研学之旅

（二）时间安排

2018年7月8日起

（三）投标研学旅行公司或旅行社资格和要求

1. 省市知名度和诚信度高的旅行社（3A级及以上）。注册资本金不少于100万元，员工不少于50人。投标线路7、线路8的机构需至少有4年开展境外交流活动的经验。

2. 必须有固定经营场所、专门服务于研学旅行的部门以及专职的研学旅行导游队伍（具有2年以上研学旅行操作经验）。在研学旅行活动中无不良记录。

3. 投保责任险保险额不低于60万元/人，旅游人身意外险保险额不低于25万元/人。

4. 在近三年内无重大质量投诉记录、不良记录、经济纠纷及安全责任事故。在以往开展业务的过程中，没有发生过任何涉及安全的问题；针对不同的研学课程，均有成熟可靠的风险规避预案，保证各种问题均有相应的解决措施；有制度和措施保证参与课程师生的人身、财产及交通等方面的安全。

5. 每车为济南一中安排2~3名教师（教师个人不承担费用）、不少于一名研学导师和一名随车医生。

（四）投标要求

1. 投标书应包含但并不限于以下内容：

（1）旅行社营业执照、经营许可证、旅行社责任险保单等材料复印件（所有复印件需加盖公章）。投标现场需出示证明材料原件以备核查。

（2）委托代理人授权书原件以及代理人身份证复印件及原件。

（3）2年以上研学旅行相关证明材料（开展学生研学旅行业绩证明材料）。

（4）研学旅行手册样本、完备的学生研学安全预案。

（5）各标段线路研学旅行方案及第一次报价；其他优惠措施等。

2. 需制作时间在5分钟以内的PPT线路研学方案介绍材料（每条线路分别制作），当场讲解演示。

3. 按线路设7个标段，可以全部报名参加，但每单位中标最多不超过3个标段。

4. 投标前每单位需递交10 000元投标保证金，中标后转为履约保证金。未中标单位其保证金在中标结束后7日内无息返还。

5. 投标书必须按线路标段编制，一标一书，一正一副，密封装订，并在密封处加盖公章，在封面注明投标单位和线路标段。投标书在招标现场当场开封。

（五）接待范围和标准

1. 交通：飞机、高铁、空调大巴；车辆营运手续完备，车况、车龄和安全性良好；司机车技优秀，经验丰富，综合素质高；需提供车辆年审合格证明等证明车况良好的相关材料；为确保安全，司机需具有5年以上驾驶大型客车经验，身体健康，心理素质好。

2. 住宿：准三星以上（或与其相当的）宾馆。2～3人标间，要求卫生条件好，无安全隐患。

3. 用餐：正餐30元/人，十人一桌、十菜一汤、荤素搭配。确保用餐环境干净、卫生，饮食安全。

4. 导游：全程陪同及当地导游服务。要求导游具有导游资质，责任心强，服务热情，熟知游览地的旅游景点。行程中播放的所有音乐、影视作品及导游讲解不得有任何低级庸俗的内容。

5. 保险：提供旅行社责任险及旅游人身意外险。

6. 全程不额外安排任何购物点及自费项目。

二、几点说明

1. 研学旅行方案设计应内容丰富、科学合理，贴合高中学生特点，并力争与济南一中"勤学致知、敦品励行"的学校文化相结合。

2. 本项目由学校评标委员会进行评标。采用两轮报价方式，综合考虑报价、方案、资质、优惠条件等各个方面进行评标，原则上考虑企业信誉好、保障程度高、操作经验丰富、行程安排合理、报价适中的单位中标。

3. 中标单位在中标后需与学校签署《安全承诺书》。

4. 中标单位需按照学校要求在规定时间内准备好中标线路推介材料，配合学校做好相关宣传，组织学生报名，与报名学生家长签订相关委托协议，收取相关费用。

5. 中标单位要严格按照招标文件载明的要求履行义务，若中标单位未能按规定的要求签约或执行，由此导致的一切后果由中标单位负全责。

6. 参加研学旅行的学生在研学旅行结束时对中标单位进行评价，评价结果将作为学校今后研学旅行招标的重要参考依据。

7. 有关时间安排

投标书递交截止时间：2018年4月12日17点

地点：济南市历城区二环东路999号　山东省济南第一中学政教处

联系电话：0531－×××××××× 、×××××××××

议标时间：另行通知

议标流程：现场公布

8. 特别约定

学校和中标单位共同拥有课程方案、研学旅行手册的知识产权。学校可以单独或授权第三方编辑、修改、使用课程方案和研学手册，将其作为课程案例用于宣传和出版工作。

山东省济南第一中学2018年研学旅行活动领导小组对此次招标事宜有最终解释权。

山东省济南第一中学

2018年4月3日

2. 研学旅行投标书样例

××××××学校研学旅行课程投标书

投标线路

行走威海——山东海洋文化之旅

××旅行社有限公司

目　录

公司简介

　　××旅行社有限公司是××旅行社集团有限责任公司旗下子公司。××旅行社集团有限责任公司创建于××××年,历经四十余年的发展,已成为全国大型旅行社集团企业之一,总部设在济南。目前已在全国设有100余家子公司。公司秉承"顾客至上,诚信为本,品质卓越"的经营理念,不断推进产品创新,诚信经营、开拓进取,积极履行企业社会责任,树立行业典范。公司营销网络、接待体系和管理模式日臻完善,已形成独特的综合优势,具备为国内外旅游者提供全方位综合服务的实力。

　　近年来,"××旅游"先后被评为"中国旅游知名品牌""全国百强旅行社""中国最具品牌价值的500家企业", 先后被山东省旅游局和国家旅游局评为5A级旅行社、山东省旅游标准化示范单位和全国旅游标准化示范单位。

　　放眼未来,××旅行社集团有限责任公司将以发展中国民族旅游业、满足人民群众日益增长的精神文化需求为己任,定位于成为我国最大的旅游及旅行综合服务商,引领中国旅游业走向辉煌。

营 业 执 照

(副 本)

1-1

统一社会信用代码 ▆▆▆▆▆▆▆▆▆▆

名　　称	▆▆▆▆▆▆ 旅行社有限公司
类　　型	有限责任公司(国有控股)
住　　所	▆▆▆▆▆▆
法定代表人	▆▆▆
注 册 资 本	壹佰伍拾万元整
成 立 日 期	2007 年 08 月 07 日
营 业 期 限	2007 年 08 月 07 日至 2027 年 08 月 06 日

经营范围　入境旅游业务、国内旅游业务、出境旅游业务；国内航线除香港、澳门、台湾地区航线外的航空客运销售代理业务；国际航线或者香港、澳门、台湾地区航线的航空客运销售代理业务（以上项目均按许可证核准的范围期限经营）；会议服务；经济贸易咨询；工艺品开发、销售。（依法须经批准的项目，经相关部门批准后方可开展经营活动）

登记机关 ▆▆▆

2016 年 07 月 ▆ 日

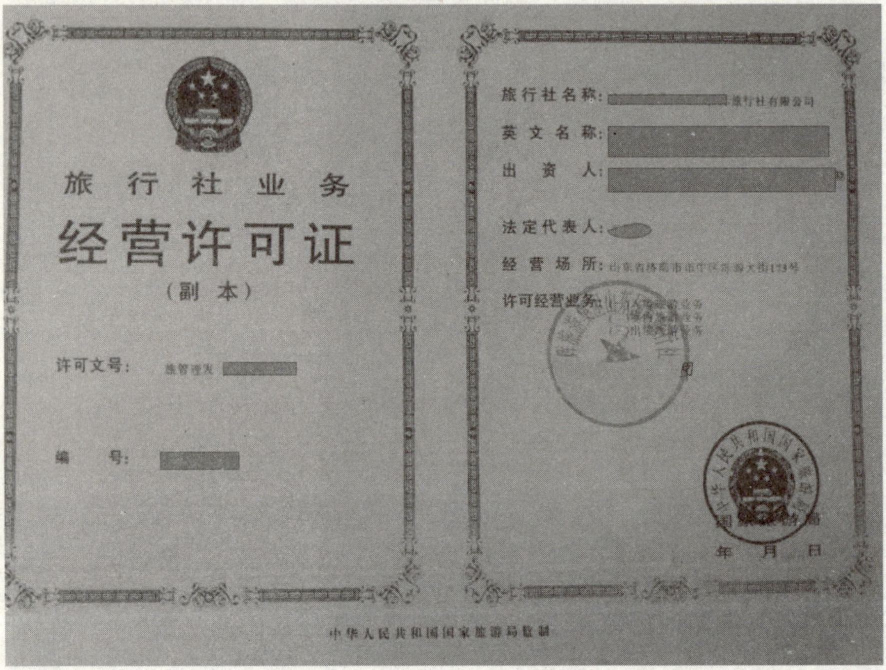

限在山东省销售

PICC 中国人民保险

中国人民财产保险股份有限公司
总公司设于北京 一九四九年创立

AEOTHA2013Z00

鲁:

旅行社责任保险统保示范项目 保险单
37091700373352

保险号: PZFW2018370194002300754

鉴于投保人已向本保险人投保旅行社责任保险统保示范项目,并按本保险合同约定交付保险费,保险人同意按照《旅行社责任保险统保示范项目条款》的约定承担保险责任,特立本保险单为凭。

投保人及被保险人信息

业务经营许可证号: L-SD-C1000184 组织机构代码: 10-304332-0
是否具有出境游经营资格: ☑有出境游资格 ☐无出境游资格
旅行社风险管控调整因子优惠比例(以旅游行政主管部门提供为准): 1-0.10
投保人设有下属单独核算分社、服务网点:详见分社清单。

保障内容

	责任风险发生	责任限额/金额
	每次事故责任限额及累计责任限额	每次事故责任限额: 400.0000万元 累计责任限额: 600.0000万元
	每次事故承保每人责任保障	每次事故每人人身伤亡责任限额: 80.0000万元 每人医药救护费用责任限额: 2.0000万元 每人精神损害责任限额: 2.0000万元
	财产损失责任限额	每次事故每人财产损失责任限额: 2.0000万元
	法律费用责任限额	每次事故责任限额的30%
	引诱被绑赎回责任限额	每次事故责任限额的10%
附加险	☐紧急旅援费用保险责任保障	每次事故及累计责任限额: 万元
	☐旅游证件保险责任保障	每次事故及累计责任限额: 万元
	☐旅行取消费用保险责任保障	每次事故及累计责任限额: 万元
	☐主宾特别保险保障责任保障	每次事故及累计责任限额: 万元
	☐慰藉金附加保险责任保障	每次事故每人慰藉金责任限额0.1万元人民币
免赔额	每次事故将人赔对象的赔额为人民币200元(仅适用于基本责任所导致的财产损失),其他损失不免赔。	

保险费

总保险费: (大写)人民币 贰万贰仟肆佰伍拾叁元贰角伍分 ¥22,453.25元

保险期间

共12个月,自2018年01月01日零时起制至2018年12月31日二十四时止。

追溯期

追溯期: 2015年01月01日

特别约定

1、本保险合同未约定事项,以《旅行社责任保险统保示范产品监督协议》为准。
2、保险事故发生后,被保险人和受害方应按发生的索赔材料详见旅行社责任保险统保示范项目条款保险条款第三十六条。

承保单位: 中国人民财产保险股份有限公司济南市分公司京城营业部
保险人联系地址: 山东省济南市经七路516号汇统大厦
邮政编码: 250021 全国统一报案专线电话: 400-618-1188 传真:
核保: Underwrite 理赔: 李洋 复核: 张利
为了维护您的权益,请仔细阅读、核对本保险单的各项内容,并注意阅读所附贴的保险备款。
代理人: 红豆保险经纪股份有限公司山东分公司;打印时间: 2017-12-23 10:19:50

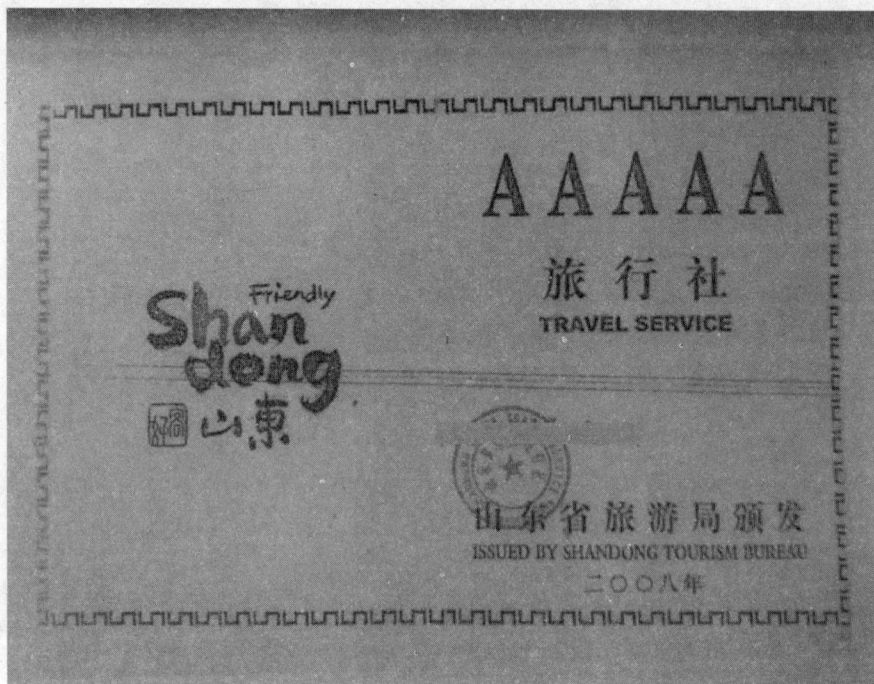

AAAAA
旅 行 社
TRAVEL SERVICE

Friendly
Shan
dong
山东

山东省旅游局颁发
ISSUED BY SHANDONG TOURISM BUREAU
二〇〇八年

委托授权书

××××中学：

　　兹授权×××同志（身份证号:××××××××××××××××××××）全权代表我公司参加贵校××××年××月高一年级学生研学旅行课程招投标工作。该代理人在本次招投标过程中的一切行为均代表本公司，本公司将承担该代理人行为的一切法律后果。

　　代理人无权转让委托权。

　　委托期限：××××年××月××日至××××年××月××日

　　附：委托代理人身份证复印件

××旅行社有限公司（公章）

××××年××月××日

委托代理人身份证明

山东省中小学生研学手册

行走 威海

高中版

山东海洋文化之旅

学校：_____

班级：_____

姓名：_____

学号：_____

课程简介 》

中国自古就缺乏海洋概念，中华文明大多数时间都是农业文明，信奉脚踏实地的理念，在地面上耕种，在地面上衣食住行，在地面上生老病死、婚丧嫁娶。当人口增长、资源匮乏、环境污染让陆地不堪重荷时，浩渺的海洋为人类的生存、发展提供了极具价值的战略空间。尤其是近代以来，随着经济全球化进程的推进，海洋愈来愈成为现代科技的"新战场"，取得未来发展竞争新优势，必须加快向海洋进军，经略海洋。

威海市地处山东半岛最东端，三面环海，一面接陆，是一个海洋特色鲜明的城市。它拥有近千公里的海岸线，占全省的1/3、全国的1/18；可供养殖的浅海滩涂有300万亩，海产品年产量一直在200万吨以上，连续多年居全国地级市首位，是海参、鲍鱼、对虾、海带、扇贝和名贵鱼类的重要产区；拥有岬湾30多个，适合造船的近10个；拥有17个商用港口，其中国家一类开放港口3个。

威海还是一个历史比较悠久的城市。公元1398年，为防倭寇入侵，明朝在这里设卫屯兵，取"威震海疆"之意，始称威海卫。1888年，清朝政府在刘公岛建立了中国近代第一支海军——北洋水师。1898年，威海卫与香港新界一起被英国强租，成为闻一多先生笔下的"七子"之一。1930年被国民政府收回，设威海卫特别行政区。1945年威海卫解放后根据山东省政府命令成立威海卫市，1951年改称威海市。1987年6月，经国务院批准设为地级市。现辖荣成市、乳山市、文登区、环翠区和火炬高技术产业开发区、临港经济技术开发区、进出口加工保税区、南海新区。全市总面积

5 797.74平方千米，2017年底常住总人口282.56万。

威海是一个滨海旅游城市，旅游资源丰富，名胜古迹众多，被评为全国优秀旅游城市。近千公里的海岸线上，海、滩、湾、岛、山、泉俱佳，有旅游景区（点）80多处，有5A级景区刘公岛，以及成山头、石岛赤山、乳山银滩、大乳山滨海旅游度假区、天沐温泉度假区等多家4A级景区。优美的自然风光与深厚的人文历史，共同铸就了威海这颗璀璨的滨海明珠。

课程总体目标 >>

1. 知识拓展

（1）从多角度全面感知海洋文化，学习海洋知识，了解海洋经济，增强海洋意识。

（2）结合所学习的课程内容，查阅国家海洋经济战略的相关信息，了解海洋在国家未来发展战略中的地位。

（3）收集当地气候和海洋环境信息，了解海洋气候特点、地理特点和产业特点。

2. 问题解决

（1）选择自己认为有研究价值的问题作为研学课题，在研学旅行过程中开展课题研究，在实践中学习课题研究的基本方法和基本规范，学会综合运用知识分析问题，用科学方法开展研究，增强解决实际问题的能力。能及时对研究过程及研究结果进行审视、反思并优化调整，建构基于证据的、具有说服力的解释，形成比较规范的研究报告或其他形式的研究成果。

（2）在研学旅行课程中，学会交流、合作、沟通，提高人际交往及信息表达能力。

（3）能够运用所学到的知识思考和分析当地的环境、文化及经济产业发展问题，提高学以致用的能力。

3. 价值体认

（1）通过学习、体验海洋文化和内陆文化的差异，了解齐鲁文化的多元性和统一性，增强对家乡文化的理解，提高对传统文化的认知和认同。

（2）结合海洋经济产业发展知识和国家发展战略，思考自己是否可能考虑未来职业规划会与海洋相关，思考自己的人生规划和职业规划如何与国家的发展战略相结合。

（3）海洋文化是对外交流的文化，结合所掌握的知识和信息，进一步理解我国"一带一路"倡议的重大意义，开拓国际视野，增强国家和民族自豪感。

4. 责任担当

（1）收集当地海洋生态信息，了解有关海洋环境保护和海洋产业保护的相关知识，增强海洋环境保护意识，提出关于海洋保护的见解。

（2）了解当地渔业、渔村的发展历史，增强对古村落和海草房的历史和文化价值的理解，为古村落和海草房的保护和开发提供合理化建议。

（3）深刻理解当地的红色文化和历史文化，增强文化传承的责任意识。

（4）结合国家"一带一路"倡议，思考山东半岛应如何借力"一带一路"规划未来发展蓝图。

课程规划 》》

第一单元　海洋军事文化——刘公岛

第二单元　海洋红色文化——郭永怀纪念馆 伟德将军碑廊

第三单元　海洋科技文化——×××海洋牧场课程实践

第四单元　海洋体育文化——××海上运动训练基地

第五单元　海洋民俗文化——海草房 民俗博物馆

行程规划 》

日期	行程安排	时间安排	课程内容
第1天	刘公岛	8点酒店门前集合，乘坐大巴车至码头，然后换乘轮渡前往刘公岛。 8点45分检票进入景区。 11点30分景区正门出口处集合。	集体参观中国甲午战争博物馆、北洋海军提督署、丁汝昌纪念馆、威海水师学堂、铁码头、炮台、博览园区，然后游览森林公园。
第2天			
第3天			
第4天			
第5天			

课程实施 》

第一单元　海洋军事文化——刘公岛

发生在一百多年前的甲午中日战争，是几代中国人心头一道抹不去的伤痕和耻辱。在此中国输掉的不仅是一场战争，也输掉了国运，输掉了希望，输掉了本该发展图强的一个世纪。作为中国第一支近代海军——北洋海军的诞生地、甲午海战决战地和英国近半个世纪的军事租借地，刘公岛既留下了中国追赶世界的深刻足迹，也见证了中国自强梦碎的千古悲剧，承载着中华民族最深沉的民族情感、最执着的复兴追求。历史是不能遗忘的，透过黄海海面

弥漫的历史硝烟，矢志实现中华民族伟大复兴梦想的中国人，不能不从这场攸关民族命运的战争中，生发几多感慨，获得几多启悟、几多忧思、几多警示……透过刘公岛，我们看到的不应仅是过去，更多的应是未来。

一、　课程实施地点　威海市刘公岛

二、　课程时长　半天

三、　课程相关学科　语文、历史、地理

四、　课程单元目标

　　知识与能力：熟悉刘公岛地理位置，了解甲午海战的背景、过程和历史影响。

　　过程与方法：以小组为单位交流研讨甲午海战失败的原因，讨论今天的中国应从中吸取什么历史教训。

　　情感态度与价值观：通过学习，感受近代以来国家由于落后带来的民族耻辱感，以及当前国家崛起所带来的民族自豪感，思考我们每个人应该在民族复兴的历史进程中如何做出自己的贡献。

五、 课程实施方式 白天以小组为单位参观，晚上以小组为单位交流研讨。

六、 单元课程资源与过程性学习任务

学习资源1　刘公岛

刘公岛位于威海湾口，距市区旅游码头2.1海里，乘船20分钟可到达。它面临黄海，背接威海湾，素有"东隅屏藩""海上桃源"和"不沉的战舰"之称。

刘公岛东西长4.08千米，南北最宽1.5千米，最窄0.06千米，海岸线长14.95千米，面积3.15平方千米，最高处海拔153.5米。全岛植被茂密，郁郁葱葱，以黑松为主，多达2 700余亩。

刘公岛为北温带季风型大陆性气候，四季变化及季风进退明显。但由于三面环海，地形复杂，形成了明显的地区性差异：虽属大陆性气候，但具有海洋性气候的特点，与相似纬度的内陆地区相比，具有冬温、夏凉、春冷、秋暖及温差小、风大、雾多、雨水充沛等特征。最佳旅游时间：夏秋两季。刘公岛自然风光优美，素有"海上仙山"和"世外桃源"的美誉。岛上峰峦叠起，植物茂密，远望松涛翠柏，郁郁葱葱；近观鹿群结队，鸟语花香，森林覆盖率达85%。岛上地势北高南低，北坡海蚀崖直立陡峭，如刀削斧劈；南坡海滩绵延，水清沙洁。岛上气候宜人，是避暑、度假、疗养的理想之地。刘公岛风景区年均温度12.6℃，由于受海洋影响，夏季气温较内陆低，平均温度24℃，降水量940~1 073.7毫米，是威海市最湿润的地区。这里冬无严寒，夏无酷暑。

过程性学习任务1

观察刘公岛的地形，查看刘公岛在地图上所处的位置，想一下刘公岛为什么被称为"不沉的战舰"。

_____

_____

_____

_____

_____

学习资源2 中国甲午战争博物馆陈列馆

中国甲午战争博物馆陈列馆是一座全面展示中日甲午战争历史的综合性展馆。该馆占地面积10 000多平方米，建筑面积8 800平方米。主体建筑由著名的建筑设计大师、中科院院士彭一刚教授设计。该建筑构思大胆，造型独特，创造性地将象征北洋海军舰船的主体建筑与巍然矗立的北洋海军将领塑像融为一体，被誉为"20世纪中华百年建筑经典"。

该馆以《国殇·甲午战争：1894—1895——甲午战争史实展》为基本陈列，共展出珍贵甲午战争历史图片650多幅，复制了大量甲午战争时期的武器装备，还原再现了多个超写实人物塑像场景，如"金州曲氏一家投井场景""李鸿章在马关谈判场景"等。该馆开辟了国内首个"黄海海

战"3D影视厅，声光电与多媒体复合再现"威海卫保卫战"震撼人心的战争场面。此外，该馆还有大量反映甲午战争的巨幅油画和巨型雕塑。整个展馆分为"序厅""甲午战前的中国和日

本""甲午战争""深渊与抗争""尾厅"五个部分。该馆陈列展览由国内著名的鲁迅美术学院艺术装饰工程总公司高水准设计、制作，综合运用先进的陈列展示手段，代表了当今陈列馆展览的最高水平，融真实性、可观性、参与性、趣味性于一体，极具视觉冲击力、精神震撼力和感染力。

刘公岛不仅是中日甲午战争纪念地，还是爱国主义教育基地。

过程性学习任务2

观看完3D影片《威海卫保卫战》，你有一种什么样的心情？

_____

_____

_____

_____

学习资源3　北洋海军提督署

北洋海军提督署建于1887年，占地17 000平方米，又称"水师衙门"，是北洋海军的指挥中心。当年北洋海军提督丁汝昌就在这里谋划指挥军事事宜。

北洋海军提督署系清代砖木举架结构建筑，古朴典雅，稳重大方。整

体建筑按中轴线建前、中、后三进院落，每进有中厅、东西侧厅和东西厢房。前、中、后院中厅分别为礼仪厅、议事厅、祭祀厅。各厅厢院落廊庑相接，雕梁画栋，结构严

整。院内东南角有演武厅一座，其建筑融中西风格于一体，屋宇高阔，厅内宽广，内有挑檐式舞台一座。1891年，直隶总督兼北洋大臣李鸿章到威海卫巡阅北洋海军，曾在此处观礼，并在厅前检阅舰队操演。

北洋海军提督署正面大门上方，悬挂李鸿章题"海军公所"匾额。两侧边门，分别绘有秦琼、敬德神像，描金点漆，肃穆威严。大门外东西两侧各置乐亭一座，为庆典、迎宾鸣金奏乐之所。乐亭前面，建有东西辕门，样式恰似古典牌楼。门前广场对称竖立旗杆两支，青龙军旗迎风猎猎，颇壮军威。西辕门以西20米处，建二层瞭望楼一座，登楼远眺，港内舰船活动尽收眼底。

过程性学习任务3

北洋海军提督署给你什么启示？你如何看待李鸿章的历史地位？

_____

_____

_____

_____

学习资源4 龙王庙

龙王庙是清代建筑，占地近1 700平方米。整个建筑古朴典雅，美观大方，有前后殿，东西厢房，均为举架木砖结构。正殿中间塑有龙王像，神气活现，左右站列龟丞相和巡海夜叉。两边墙壁绘有古代传说故事壁画，形象逼真。东厢房陈列两块石碑，分别题刻"柔远安迩"和"治军爱民"碑文，均为光绪十六年（公元1890年）刘公岛绅商为丁汝昌和张文宣所立。旧时，每年的农历正月初一或六月十三龙王生日这天，岛里岛外的渔民纷纷进香跪拜，祈求龙王保佑海上平安。甲午海战前，凡过往船只要在岛上停靠，皆来此拈香祈福，北洋海军也信奉龙王，一时香火旺盛。丁汝昌殉国后，其灵柩曾停放于此。后来岛上居民在庙内设其牌位，四时祭祀，所以龙王庙又名"丁公祠"。

过程性学习任务4

在海洋文化中龙王占有重要的地位，龙王庙是沿海地区分布最广的庙宇。结合此处参观得到的知识，你如何看待龙王的文化地位？

_____

_____

_____

_____

_____

学习资源5　丁汝昌纪念馆

丁汝昌纪念馆原为丁汝昌寓所，建于1888年。北洋海军成军后，丁汝昌携家眷进居刘公岛，在此居住达六年之久。

该建筑为砖石结构，由左、中、右三套院落组成，占地约15 000平方米。西院为内寓，东院为侍从住房，中院为丁汝昌办公会客的地方。中院与东、西院有圆门相通，如今陈列着丁汝昌生前用过的部分家什、字画；院内有一株百年紫藤，是丁汝昌亲手所植，至今仍根深叶茂。大门两侧为门房，如今是介绍丁汝昌生平的展室。寓所门前，矗立着高3.8米的丁汝昌铜像一尊。东西两侧建有红柱飞檐的六棱形凉亭。

过程性学习任务5

你如何看待丁汝昌在甲午战争中的作用？

_____

_____

_____

_____

学习资源6　威海水师学堂　铁码头　炮台

威海水师学堂

威海水师学堂建于清光绪十六年（公元1890年），占地约20 000平方米，现存有东西辕门、照壁、堞墙、小戏台和马厩等，是目前国内唯一——

处有迹可循的水师学堂。当时，
水师学堂总办由提督丁汝昌兼
领。1889年冬，从上海、福建、
广东等地招收学生36名，另有10
名学生附学，共46名。1890年5
月，海军学校开始授课，课程设
有英文、几何、代数、驾驶、天文等，并配有敏捷、康济、威远、海镜四
艘练船，供教学用。水师学堂共开办四年，毕业一届30名驾驶生。中日甲
午战争后，刘公岛陷落，水师学堂也毁于战火。2004年6月，威海水师学
堂修复开放。

铁码头

铁码头是北洋海军舰艇的
停泊之所，由道员龚照玙主持设
计建造，1891年竣工。铁码头墩
桩用厚铁板钉成方柱，径四、五
尺，长五、六丈，中间灌入水
泥，凝结如石，直入海底，涨潮
时可停靠万吨轮船。甲午战争后，码头虽然几经维修改造，但基本维持原
貌。1971年，在原来的基础上又增建了突堤"丁"字形引桥。至今仍为人
民海军使用。

炮 台

刘公岛上有清代炮台6座，分
别位于黄岛、麻井子、旗顶山、
迎门洞、东泓、南嘴，与南北两
岸炮台遥相呼应，均由德国人汉

纳根设计。除炮台外，还建有与之配套的地下通道、兵舍、弹药库等，并相互贯通。炮台使用花岗岩砌筑、水泥灌浆，施工严谨，造型巧妙，坚固实用。其工程规模之浩大，结构之复杂，令人赞叹。

过程性学习任务6

结合对水师学堂、铁码头、炮台的参观学习，你认为以李鸿章为代表的北洋海军做了哪些战备工作？这些工作是否充分？

_____

_____

_____

_____

学习资源7　博览园区

刘公岛博览园是刘公岛管委会兴建的一处融历史文化与影视科技于一体，集古典建筑与园林艺术于一身，汇甲午风云、英租历史、刘公文化、海权文化、海洋文化于一园的综合性景观，占地面积5万平方米，建筑面积1万多平方米，包括刘公文化区、民俗文化区、甲午文化区、海权文化区、英租文化区、海洋文化区六大展区，因其展示内容广博而得名博览园。

过程性学习任务7

在博览园区展示的六大文化中给你印象最深的是什么？你认为山东海洋文化的主要特征有哪些？海洋文化在齐鲁文化中有什么重要意义？

_____

_____

_____

_____

_____

七、

1. 古代中国航海技术在人类社会发展中做出了哪些贡献？明清对海洋事业推行怎样的政策？对中国造成了怎样的影响？

_____

_____

_____

_____

2. 梁启超说："唤起吾国千年之大梦，实自甲午一役始也。"甲午战争给中国带来哪些影响？

_____

_____

_____

_____

3. 当代诗人陈运和在《刘公岛》中写道："一艘永不沉没的军舰，经过滚滚的甲午战争，疾驰行进。甲板上站着中国近代史，曾一度威风凛凛，站着丁汝昌，站着邓世昌，站着中华民族不屈的精神。刘公岛，腐败社会的见证，刘公岛，一代英烈的化身。"阅读下列材料，结合你在学习过程中的感想和感悟，分析甲午战争失败的原因。

　　材料1　1893年，甲午战争前一年，大清总共挪用海军军费1 400万两白银，用于修建颐和园庆典工程，以致北洋海军连更换装备的钱都没有；日本明治天皇却下令每年从皇室经费中挤出30万元作为海军补助费，各级官员从薪金中抽出1/10上交国库，用于建造军舰，并发动全民捐款，买下"吉野"号巡洋舰。明治皇太后甚至把仅有的几件首饰都捐献出来。

　　材料2　北洋水师和日本舰队在吨位上一直保持7 000～9 000吨的差距，日军火力是北洋水师的3～5倍。再看炮弹，北洋水师使用的天津机器局生产的炮弹多数不合格。海战中，原本每艘备弹200发的"定远"舰、"镇远"舰只有100多发备弹，战至最后弹药告罄。而炮径特殊的"平远"舰只有区区35发实心炮弹（战斗中消耗10发）。这门仅次于"定远"舰、"镇远"舰主炮的260毫米巨炮因为炮弹问题几乎没有发挥威力。战后查出北洋水师库房存储的弹药完全不符合口径，是准备退货的报废品，北洋水师是"饿着肚子去打仗的"。

　　北洋水师用以发射弹头的发射药，采用粟色火药，燃烧时温度过高，容易烧蚀炮膛，而且燃烧后产生的火药残渣附着在膛线上不易清除，每次发射后都需要花费很长时间来清洁炮膛。另外，黑火药燃烧时还会产生大量刺鼻的白色浓烟，发射后必须等待浓烟散尽才能重新瞄准、发射。受这些因素制约，在黄海海战时，北洋海军旧式火炮本就不快的射速更显滞涩。

　　日本海军速射炮的发射药采用无烟药，爆炸后不会出现弥漫的烟雾。当北洋水师炮手苦于发射后的浓烟而无法立即瞄准的时候，发射速度快很多的日本速射炮手却没有这方面的困扰。这使双方射速差距进一步拉大。

而且，日本的"吉野"等舰已经装备了早期的观瞄系统——武式测距仪。北洋水师却还在使用原始的人工测距的方式。

材料3 劣质碎煤充数，致使北洋舰队在海上冒着浓重的黑烟，过早被日舰发现而遗失战机；北洋水师的燃料煤由官办开平矿务局供应，开平矿务局所供的煤分几个等级，其中"五槽煤"质量最佳，属无烟煤，也正是军舰所应使用的煤。最差的是"八槽煤"，燃烧率低且浓烟滚滚。军舰使用这种劣质煤不仅跑不快而且还会缩短锅炉的寿命。北洋水师后期军费严重短缺，就连弹药补给都跟不上，别说是煤了。北洋水师买煤往往不是现钱且价格很低。但是同样的无烟煤卖给外商利润却要翻上几番，有了这样的利益驱使，李鸿章也无能为力，原因就是开平矿务局有他的股份。

_____

_____

_____

_____

_____

八、 本单元学习注意事项

1. 乘坐渡轮遵守秩序，不得在船上打闹。

2. 注意保管好随身物品，以免遗失到海中。

3. 在展馆内参观学习时要保持安静，不得喧哗。

4. 紧跟本组讲解员，认真听讲，如有疑问，可以在讲解员讲解间歇提出。

5. 参观过程中要紧跟导游旗，分散游览时务必牢记集合时间和地点。

6. 严禁翻越设置禁止标志的护栏和隔离带。

第二单元

....
....

第三单元

....
....
....

评价方案 》

1. 过程性评价

过程性评价分为学生评价和教师评价两部分，学生评价表置于研学手册本单元内，教师评价表由随队导师保管。

过程性评价表

评价类别	评价等级	单元课程自我评定				
		第1天	第2天	第3天	第4天	第5天
考勤情况	A. 从未迟到　　B. 一次集合迟到 C. 两次集合迟到　　D. 经常集合迟到					
乘坐交通工具纪律	A. 遵守纪律　　B. 偶尔不听指挥 C. 经常不听指挥　　D. 影响整个团队进程					
研学课堂纪律	A. 遵守纪律　　B. 偶尔不听指挥 C. 经常不听指挥　　D. 影响整个团队进程					

（续表）

评价类别	评价等级	单元课程自我评定				
		第1天	第2天	第3天	第4天	第5天
听讲情况	A.能积极主动听讲　　B.需提醒后完成 C.听讲不积极　　　　D.基本不参与					
发言讨论	A.能积极主动发言　　B.偶尔主动发言 C.被动发言　　　　　D.不配合发言					
就餐礼仪	A.排队打饭，不挑食　　B.插队打饭 C.经常插队打饭，挑食　D.只吃零食					
团队合作	A.互帮互助　　　　　B.与同学沟通不多 C.不愿意沟通　　　　D.以自我为中心					
礼貌修养	A.尊重他人　　　　　B.个人行为举止需提高 C.漠视他人，不礼貌　D.说脏话，不尊重他人					
环保	A.主动捡拾垃圾　B.不乱丢垃圾 C.乱丢垃圾　　　D.乱丢垃圾，提醒后不捡拾					
研学记录	A.主动且认真记录　B.需提醒后记录 C.书写潦草　　　　D.不认真记录					
作业完成	A.内容丰富，书写认真 B.感悟不深，书写认真 C.内容简单，书写一般 D.内容不完整，书写潦草					
评价等级数量统计						
自我评定等级	A.优秀　B.良好　C.合格　D.不合格					
教师评价等级	A.优秀　B.良好　C.合格　D.不合格		签字			

教师评价表格

学号	姓名	时间	事项	处理方式	结果反馈

2.成果性评价

成果性评价由研学导师完成，以质性评价方式为主。

成果性评价表

一级指标	二级指标	评价内容	评价结果			
			优秀	良好	合格	不合格
过程性学习任务	信息记录	听讲笔记、观察记录、探究数据				
	体验感悟	学习过程中的体验和即时感悟记录				
	反思应用	对学习内容的反思和启示				
课后作业	规范性	书写、语言表达的规范程度				
	科学性	知识运用的准确性和问题分析的逻辑性				
	创新性	观点和见解的独特性和创新性				
	完整性	问题解析的系统性和完整性				

（续表）

一级指标	二级指标	评价内容	评价结果			
			优秀	良好	合格	不合格
文本成果	规范性	书写、语言表达的规范程度				
	科学性	知识运用的准确性和问题分析的逻辑性				
	创新性	观点和见解的独特性和创新性				
	完整性	问题解析的系统性和完整性				
影像成果	思想性	影像成果的主题内涵所表达的思想价值				
	艺术性	成果所体现的影像艺术与技术价值				
	创新性	成果在艺术、技术和思想价值方面所表现的独特性和创新性				
制作成果	思想性	制作成果的主题内涵所表达的思想价值				
	艺术性	成果所体现的艺术价值				
	技术性	成果所表现的制作技术与工艺、技法水平				
	创新性	成果在艺术、技术和思想价值方面所表现的独特性和创新性				
总体评价结果						

学习成果 》

依据研学旅行过程中的学习和探究结果撰写研究报告。研究报告可以打印后粘贴在此处。

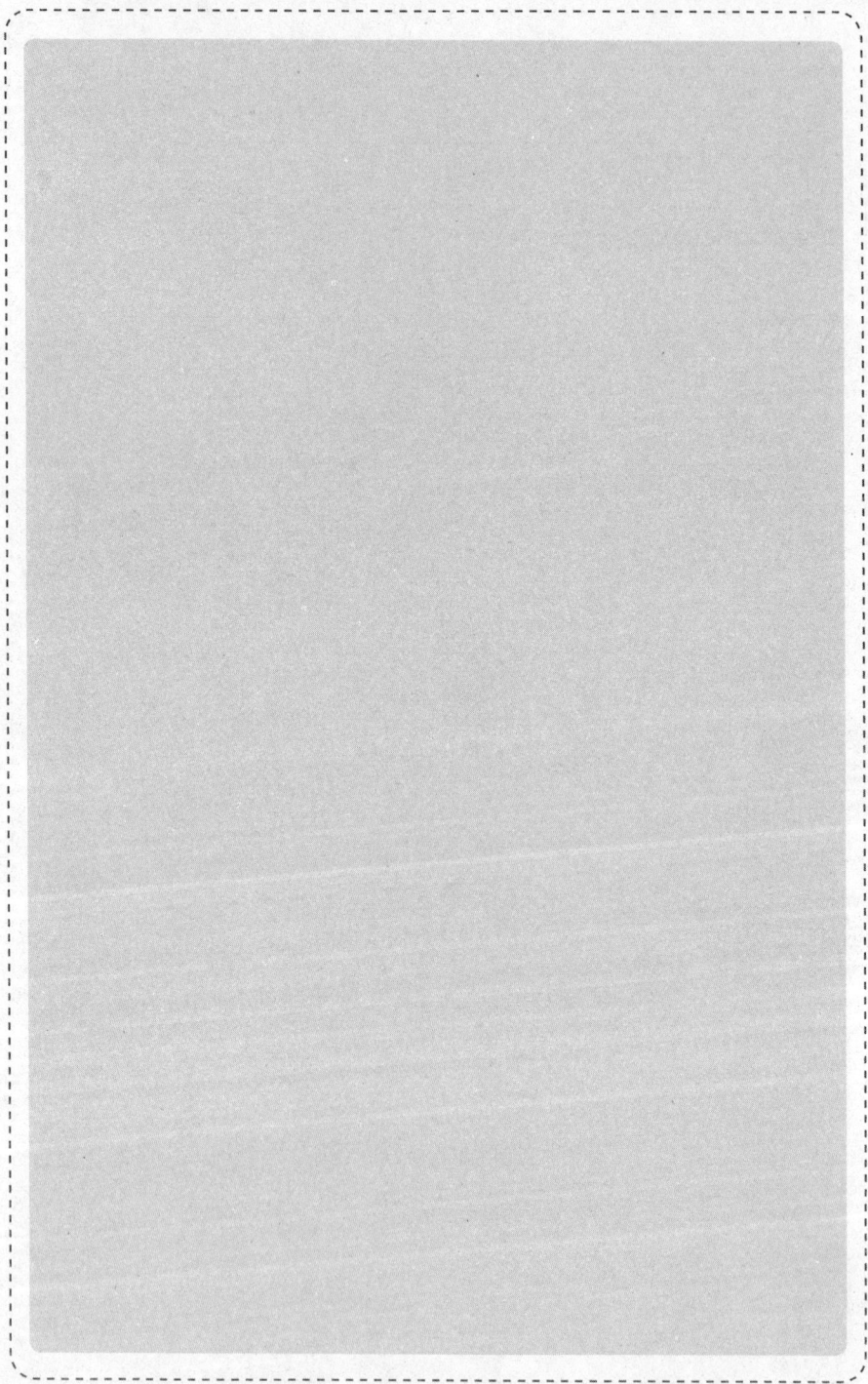

> **附 件 》》**

一、安全知识及安全应急预案

（一）安全注意事项

1. 记住带队老师的电话，听从安排，遭遇困难或紧急情况时，随时联系带队老师。

2. 未经带队老师许可，不得擅自离队。

3. 牢记集合时间和集合地点，不迟到。

4. 自我保护，主动远离危险区域。

5. 未经老师允许，不得擅自下海。

6. 乘车乘船时听从安排，遵守秩序，车辆行进期间不要离开座位，不得在船上随意走动。

7. 保管好自己随身携带的贵重物品和现金。

8. 绝不跟随陌生人离开团队，发现同伴离队，马上向带队老师报告。

（二）住宿注意事项

1. 领队老师分发房卡后，记住自己的房号及室友的联系电话，带好房卡，丢失要赔偿。

2. 记住领队老师和辅导员老师的房号和电话。

3. 休息前，务必落实集合的准确时间和地点。

4. 检查房间内的设施是否可以正常使用，床单被褥是否干净。

5. 老师查房后，禁止串门，不要影响他人休息。

6. 入住安排的房间，不得自行调换。

7. 按规定时间就寝，熄灯后不打扰同伴。

8. 按规定时间起床，保证按时出行。

9. 退房时，千万记住检查自己所有的物品，防止遗忘。

（三）应急措施

● 防溺水安全知识

1.严禁私自下海游泳，严禁跨越护栏捕捉鱼虾蟹贝。

2.乘船时必须坐好，不要在船上乱跑，或在船舷边洗手、洗脚，尤其在乘坐小船时不要摇晃，也不要超重，以免小船侧翻或下沉。

3.乘船时，一旦遇到特殊情况，一定要保持镇静，听从船上工作人员的指挥，不要轻率跳水。如果有人溺水，不要贸然下水营救。

4.如果不慎滑落水中，应吸足气，拍打着水，大声地呼救，有人来救助的时候应该身体放松，让救助的人托住腰部。

5.随身物品掉入水中时不要急着去捞，而应找专业人员来帮忙。

● 火灾应急避险

1.发生火灾时要迅速逃生，不要贪恋财物。

2.将衣服、被褥等浸湿，披在身上，从安全出口冲出去。

3.已有浓烟时要牢记捂鼻、蹲下、手扶墙。

4.如果身上着火，千万不要奔跑，可就地打滚或用厚重衣物压灭火苗。

5.发生火灾时不可乘坐电梯，要从安全出口逃生。

● 集体踩踏事件应急避险

1.在拥挤的人群中，尽量走在人流的边缘。

2.发现拥挤的人群向自己行走的方向涌来时，应立即避到一旁，不要慌乱，避免摔倒。

3.顺着人流走，切不可逆着人流方向前进，否则很容易被人流推倒。

4.假如陷入拥挤的人流，一定要先站稳，身体不要倾斜以免失去重心，即使鞋子被踩掉，也不要弯腰捡鞋子或系鞋带。

5.在人群骚动时，注意脚下，千万不能被绊倒，避免自己成为拥挤踩踏事件的诱发因素。

6. 发现自己面前的人突然摔倒时，要马上停下脚步，同时大声呼救，告知后面的人不要向前靠近，及时分流疏散拥挤人群。

二、行前物品备忘检查表

物品准备清单

证件

身份证/户口本	原件：请学员们随身携带并保管好自己的身份证或户口本原件，以备乘车及入住时检查。
	复印件：请每位学员自行准备一份身份证/户口本复印件，并交给老师。
	拍照留存：建议学员拍照留存一份身份证或户口本，以备不时之需。
学生证	有学生证的带好自己的学生证。

学习用品

中性笔	行程中要时刻准备一支中性笔。
研学手册	研学手册是重要的学习资料，过程性学习任务和作业均需要在研学手册上完成。

日常用品

洗漱用品	建议学员根据自己的习惯自带洗漱用品。
雨具	带好雨伞/雨衣等雨具，以便阴雨天气使用。
手机相机	如学员携带了手机或者相机等贵重物品，请妥善保管。
水杯	为方便学员喝热水，请自备水杯。

衣物

防晒衣	由于气温较高，紫外线较强，建议带好防晒衣。
运动鞋	由于每天都会有很多课程，运动量较大，建议学员穿舒适的运动鞋，并多带一双备用。
贴身衣物	建议学员多带2～3套贴身衣物，便于换洗。
收纳袋	由于部分课程时间较长，建议带2～3个衣物袋，以便行程中将脏衣服与干净衣物分开，保持个人卫生。
拖鞋/凉鞋	在海滩活动时需要防水的拖鞋或凉鞋。

药品

长期药品	有特殊病史的学员，如患有低血糖、哮喘、心脏病等，请带好自己长期服用的药品，并把自己的情况提前告知老师。
常备药品	每车都会准备晕车药、感冒药等常用药品。建议根据自己的情况自备一些常用药品，如腹泻用药、胃药以及跌打损伤药等。

其他

背包	建议学员每人带一个双肩背包，方便放置手机、相机、水杯、证件等私人物品。
现金	行程中的食、住、行没有额外费用，建议只带少量现金方便自己使用。

物品准备检查单

物品名称	是否准备	物品名称	是否准备
身份证/户口本		牙刷、牙膏	
学生证		纸巾、湿巾	
背包		毛巾	
手机		梳子	
相机		洗发水	
充电宝		香皂	
充电线		拖鞋	
钱包		运动鞋	
研学手册		袜子	
中性笔		换洗衣物	
日记本		收纳袋	
花露水		帽子	
水杯		雨具	
药品		防晒衣、防晒霜	

三、重要信息

1. 团队负责人及联系电话

职务	姓名	联系电话
带队老师		
指导教师		
指导教师		
指导教师		
辅 导 员		
司机		
紧急联系人		

2. 小组成员及联系电话

姓名	联系电话	姓名	联系电话

3. 相关医院信息

地点	医院名称	医院地址	联系电话

4. 相关派出所信息

地点	派出所名称	派出所地址	联系电话
紧急联系人：			

研学旅行从业业绩证明
(材料另附)

1. ××中学××××年"丝绸之路"研学之旅

2. ××小学×××年沂蒙老区三日研学之旅

3. ××学校×××年欧洲风情两周研学之旅

4. ××外国语学校×××年美国两周研学之旅

5. ××学校××××年四川七日研学之旅

3．开标工作方案样例

××学校研学旅行课程招标开标工作方案

一、开标工作领导小组

组长：赵××

副组长：钱××

成员：孙××、李××、周××

二、开标工作小组及工作分工

组长：钱××

副组长：孙××

成员：武××、郑×、王×× ……

开标工作分工任务表

工作项目	工作内容	责任人	时间
接待服务			
安保			
会场布置			
文件签收			
投标人身份查验			
会议主持			

（续表）

工作项目	工作内容	责任人	时间
开标			
唱标			
会议记录			

三、开标时间、地点

开标时间：××××年××月××日上午9点

开标地点：××学校办公楼一楼第一会议室

四、开标会议议程

1. 投标文件签收

9：00～9：30在办公楼一楼大厅签收投标文件，并填写"投标文件报送签收一览表"。在9：30后递交的投标文件不得接收。在9：30前递交投标文件的投标人如果少于三家，招标无效，开标会即告结束。

2. 投标人代表签到

查验投标人授权代理人的身份证件，人、证和委托书信息必须一致；组织投标人授权代理人填写开标会签到表。

3. 开标会议开始

（1）主持人宣布开标会议开始，记录人按开标会议记录要求开始记录。

（2）主持人宣布开标人、唱标人、记录人名单，以及到会的招标人代表、招标代理机构代表、各投标人代表。

（3）主持人现场抽取投标人代表担任监督人员。

（4）主持人宣布开标会议程序。

（5）开标工作领导小组组长宣布开标会议纪律和当场废标的条件。

（6）确认投标人授权代表信息。

主持人宣布对投标人授权代表的身份证件、授权委托书的信息确认结果，核查各投标人出席开标会代表的人数。无关人员退场。

（7）主持人作招标情况说明。

主持人介绍招标文件的主要相关信息，强调主要条款和招标文件中的实质性要求，宣布在截标时间后送达的投标文件应当场作废。

（8）检查各投标书密封情况。

监督人、招标人和投标人的代表共同检查各投标书密封情况。密封不符合招标文件要求的投标文件应当场作废，不得进入评标。

（9）主持人宣布开标和唱标次序。

按投标书送达的时间顺序开标、唱标。开标人在监督人员及与会代表的监督下当众拆封，检查投标文件组成情况，并将需要唱标的文件交唱标人进行唱标。

（10）开标会议记录签字确认。

投标人授权代表在开标会议记录上签字确认。投标人如对开标有异议，应当场提出，招标人当场予以答复，并作好记录。

（11）送封闭评标区封存。

投标文件、开标会议记录等送封闭评标区封存。

（12）主持人宣布开标会议结束。

五、开标会议纪律

1. 与开标无关的人员不得进入开标会场。

2. 参加会议的所有人员应关闭手机、平板电脑等通讯工具。

3. 开标期间遵守会议秩序，不得高声喧哗。

4. 投标人代表如有疑问应举手发言，与会人员未经主持人同意不得在场内随意走动。

5. 场内严禁吸烟。

六、废标条件

投标文件有下列情形之一的，应当场宣布为废标：

1. 逾期送达或未送达指定地点。

2. 未按招标文件要求密封。

3. 投标人法定代表人或授权委托人未参加开标会议，或者未能提供身份证明。

4. 未按招标文件规定加盖单位公章和法定代表人（或授权人）的签字（或印签）。

5. 未按招标公告要求准备投标文件，公告要求的主要材料缺失。

6. 超出招标文件规定，违反国家有关规定。

7. 投标人提供虚假资料。

4. 研学旅行评标工作方案样例

××学校研学旅行课程招标评标工作方案

一、评标工作领导小组

组长：赵××

副组长：钱××

成员：孙××、李××、周××

二、评标工作小组及工作分工

组长：钱××

副组长：孙××

成员：武××、郑×、王××……

评标工作分工任务表

工作项目	工作内容	责任人	时间
接待服务			
安保			
会场布置			
材料组			
保密组			

三、评标委员会

主任：1人，由一名研学旅行课程专家担任

成员：7人

评委会组成：研学旅行课程专家3人（含评委会主任），学校中层干部1人，教师代表1人，家长代表1人，学生代表1人

评标委员会名单在评标结果公布前保密。

四、资格审查和评标监督委员会

周××、李××、王××、家委会代表一人

五、评标时间、地点

评标时间：××××年××月××日上午9点

评标地点：××学校办公楼一楼第一会议室

六、评标准备工作

1. 物资准备。

办公设备及用品：打印机1台、电脑1台、A4纸2包、订书机3台、订书针3盒、中性笔10支、文件夹10个、大信封10个

招待物品：饮水机、桶装水、瓶装水、茶叶、水果、点心

2. 布置评标会议现场。

3. 打印整理评标室需要的招标文件，将所有投标文件放至评标室。

4. 制作打印评标所需的相关表格和文件。

七、评标会议议程

1.闭门会议阶段

（1）评委进入评标室入座后，在监督人的监督下封闭评标室，收取并封存评委的通讯工具。

（2）主持人宣布评标委员会主任和成员名单，介绍监督人员；工作人员就位。

（3）主持人宣读评审纪律。

（4）向评标委员会成员分发评标所需的相关文件。

（5）评标委员会主任主持会议，对招标公告进行研究，对招标方提供的评审方案和评标细则进行讨论修订，完善供评标使用的相应表格。两名监督人监督会议。

2.资质审查

评标委员会闭门工作会议期间，由另外两名监督委员与现场抽取的投标人代表共同核验营业执照、经营许可证、旅行社责任险保单、授权委托书及受托代理人身份证。

3.评审阶段

（1）主持人宣读评标程序及注意事项。

（2）监督委员会代表宣读招标现场纪律。

（3）监督委员会宣布资质审查结果。

（4）按照一线一段的方式，从线路1逐次开始评审。

①由评标委员会成员当场宣布各投标单位的投标报价。

②由投标单位代表向评标委员会介绍单位情况、业绩、研学旅行开展情况及线路课程设计情况（不超过5分钟）。

③评标委员会成员对投标单位进行有目的的问询。

④投标单位可再次现场报价。

⑤评标委员会成员对该线路投标单位进行评议打分，并统计分数。

⑥当场公布得分结果，确定该条线路的中标单位。

（5）评标委员会成员、监督委员会成员在评审结果上签字。

（6）主持人宣布评标结束，返还评委的通讯工具。

八、退还未中标的投标人缴纳的招标保证金，中标投标人缴纳的招标保证金转为履约保证金。

九、中标单位与学校签署《研学旅行课程委托协议书》和《安全承诺书》。

附件：

1.资质审查表

2.评标评分表

1.资质审查表

投标人	××旅行社	
分项	内容	查验结果
资质证明	旅行社营业执照、经营许可证、旅行社责任险保单、旅行社评级证书等材料原件及复印件（所有复印件需加盖公章）；委托代理人授权书原件以及代理人身份证原件和复印件（加盖单位公章）	
经营范围	投标旅行社必须具备独立组织境外旅游的资质（提交证明材料，限境外线路提供）	
从业经验	投标旅行社有组织中小学生国内旅游和境外旅游的经验（提交证明材料）	
审查结果	是否通过审查	
审查人	签字：	

2. 评标评分表

投标人	××旅行社				
投标线路	××××××				
项目	内容	赋分	评分标准		得分
课程设计(40分)	线路规划	10分	线路景点选择合理，符合线路学习主题。景点分布合理，行程时间规划科学。		
	课程目标	5分	课程目标设置形式规范，内容具体科学，具有可行性。		
	课程内容	5分	行前、行中、行后课程内容全面、丰富，主题鲜明。		
	课程实施	5分	教学方法选择合理，学习方式选择合理。		
	课程评价	5分	课程评价方案科学合理，具有可操作性；评价量表实用。		
	课程保障	10分	安全保障措施全面、科学有效，包含安全注意事项和安全应急预案。		
服务标准(30分)	交通	5分	出行方式的选择科学，交通工具舒适，安全标准明确。		
	住宿	7分	住宿承诺符合要求：准三星以上（或与其相当的）宾馆。2~3人标间，要求卫生条件好，无安全隐患。		
	用餐	8分	用餐标准符合要求：正餐30元/人，十人一桌、十菜一汤、荤素搭配。确保用餐环境干净、卫生，饮食安全。用餐安排体现当地饮食文化特色。		
	导师团队	5分	研学导师团队组成符合要求，包括研学导师、安全员、队医。		
	禁止性承诺	5分	旅行社承诺全程不额外安排任何购物及自费项目。		

（续表）

投标人		××旅行社			
投标线路		××××××			
项目	内容	赋分	评分标准		得分
从业业绩 (10分)	案例数量	5分	每个研学旅行案例1分，观光游案例不得分，总分不超过5分。		
	案例水平	5分	依据案例的设计与实施水平合理赋分。		
报价 (20分)		20分	与标底价格误差每增加10%扣5分。		
评审总得分					
评委		签字：			

后　记

2008—2012年，我在济南一中负责校本课程和研究性学习活动的教学管理，由于工作需要，对研究性学习做了一些学习和研究。2012—2017年，我在济南市教科所（后与济南市教研室合并为济南市教育教学研究院）交流工作以及在山东省教育科学研究院做访问学者期间，又参与了一些学校的课改方案和研究课题的论证工作，其中有一些就涉及综合实践活动课程。也正因此，我对研学旅行也一直在关注。

2013年，国务院颁布《国民旅游休闲纲要（2013—2020年）》，提出在中小学逐步推行研学旅行。当时我就意识到这必将是我国基础教育改革的又一个重要领域。2016年11月，教育部等11部门发布《关于推进中小学生研学旅行的意见》，这成为研学旅行工作的一个分水岭，研学旅行由此纳入中小学课程体系，成为学校教育绕不开的刚需。之后，国家相关部门又相继出台了《研学旅行服务规范》《中小学德育工作指南》和《中小学综合实践活动课程指导纲要》等与研学旅行工作密切相关的文件，对研学旅行教学工作提出了具体规范。2017年12月，《教育部办公厅关于公布第一批全国中小学生研学实践教育基地、营地名单的通知》发布。在政策推动下，从事研学旅行工作的机构如雨后春笋，学校研学旅行教育也取得了突破性进展。各种与研学旅行相关的论坛和研讨会也遍地开花。但是研学旅行的学术研究却没有取得实质性进展，研学旅行的课程应该如何设计和开发，研学旅行与观光旅行有何区别，很多从事研学旅行工作的人员感到越来越迷茫。从实践情况来看，当前研

学旅行工作还存在不少问题：研学旅行浮于表面，内涵不足，研学旅行
课程设计缺乏专业性，课程实施不规范，课程评价不够科学。在和一些
业内人士交流的过程中，他们也表示亟需专业指导。我意识到，有必要
从课程论的角度，对研学旅行教育做一些探索，以期给学校和相关从业
人员提供一些启发和指导。

2018年7月，我校第一次组织学生研学旅行。根据学校工作需要，我
作为带队教师参加了"丝绸之路"研学旅行，全面考察了研学旅行的现
状。该线路的承办方是一家知名旅行社，应该说，该旅行社在旅游组织方
面确实经验丰富，相关工作人员也很敬业，确实在现有的条件下对研学旅
行工作进行了一些研究和实践。但是，从课程实施的层面上来看，仍然有
很多专业问题没有解决，课程实施的效果也就必然受到影响。

于是我觉得应该在研学旅行课程的理论与实践方面做一点研究。由
此，我开始了这套书的编写工作。

为满足学术研究和实践工作需要，我制订了《研学旅行课程概论》和
《研学旅行工作导案》两书的写作计划，就是现在大家看到的这两本书。
前者侧重于从课程的角度对研学旅行工作进行学术研究，以课程要素为写
作主线，基于课程原理，就研学旅行课程设计做了一些探索；后者侧重于
对研学旅行工作实践的具体指导，是以研学旅行工作流程为主线，按照工
作的先后顺序，从研学旅行招投标到行后课程和工作总结，就各个环节的
工作流程和技术规范提供了一些思路和借鉴。

本套书可以作为高等院校旅游专业、社会体育和休闲体育专业的教学
用书，也可以作为中小学教师和研学旅行从业人员的培训用书。

真正开始写作后，我才发现，工作远比想象的更加艰难。最主要的困
难是缺少可以参考的资料。所以书中观点和方法主要是笔者基于课程理论
对实践工作进行的反思和研究，以及对实践工作经验进行总结和提炼的结
果。正因如此，加之时间仓促，书中的内容和观点难免有不当甚至错误之

处，期待得到业界同仁指正。

诚如山东省教育科学研究院申培轩院长在本书序言中所说的那样，"研学旅行是社会性、历史性实践，其系统研究、运行探索绝不是个体学者所能为"。申院长还从更大视野的角度提醒，切忌把研学旅行仅仅缩在一门课程视野之内，这无疑是给研学旅行学术研究指出了创新的方向和更高的站位。本书谨从课程原理的角度对研学旅行的理论与实践研究进行尝试和探索，旨在给当前的研学旅行从业人员一些指导和借鉴，也是抛砖引玉，期待业界专家推出更优秀的学术专著，以规范和促进研学旅行的学术研究和教育实践工作。

申培轩院长在百忙之中欣然为本书作序，是对我的极大鼓励，在此对申院长表示衷心的感谢！在本书的写作和出版过程中，山东省教育科学研究院李文军副院长、山东教育出版社范增民副总编给予了无私的指导和帮助，我的老朋友中国职业安全健康协会户外教育安全分会会长、中国定向运动协会拓展与露营委员会主任吴军生先生提供了宝贵的意见，责任编辑刘世贵、张达老师对本书付出了辛勤的劳动，我的同事周亚婷老师和李忠文老师在繁忙的教学工作之余帮我校阅了全部书稿，在此一并表示感谢！

彭其斌

2018年10月